AF002250

WISSEN KOMPAKT

Kostenrechnung für die öffentliche Verwaltung

von

Uwe Bähr und Fritz Hieber
Professoren für öffentliche Betriebswirtschaftslehre

Verlag Wissenschaft & Praxis

Die Deutsche Bibliothek – CIP-Einheitsaufnahme

Bähr, Uwe:
Kostenrechnung für die öffentliche Verwaltung / Uwe Bähr ; Fritz Hieber.
– Sternenfels : Verl. Wiss. und Praxis, 2002
   (WISSEN KOMPAKT)
   ISBN 3-89673-131-9

ISBN 3-89673-131-9

© Verlag Wissenschaft & Praxis
Dr. Brauner GmbH 2002
D-75447 Sternenfels, Nußbaumweg 6
Tel. 07045/930093 Fax 07045/930094

Alle Rechte vorbehalten

Das Werk einschließlich aller seiner Teile ist urheberrechtlich geschützt. Jede Verwertung außerhalb der engen Grenzen des Urheberrechtsgesetzes ist ohne Zustimmung des Verlages unzulässig und strafbar. Das gilt insbesondere für Vervielfältigungen, Übersetzungen, Mikroverfilmungen und die Einspeicherung und Verarbeitung in elektronischen Systemen.

Printed in Germany

Inhalt

Vorwort 7

I. Betriebswirtschaftliches Rechnungswesen in der
    öffentlichen Verwaltung 9
    1. Überblick 9
    2. Betriebswirtschaftliche Ansatzpunkte des Rechnungswesens 13

II. Kosten- und Leistungsrechnung in der öffentlichen Verwaltung 15
    1. Bedeutung der Kosten- und Leistungsrechnung für die
       Verwaltungsmodernisierung 15
    2. Ziele der Kosten- und Leistungsrechnung im Rahmen
       der Verwaltungsmodernisierung 17
    3. Aufbau und Organisation der Kosten- und Leistungsrechnung
       bei der Einführung in der öffentlichen Verwaltung 18
    4. Grundbegriffe der Kosten- und Leistungsrechnung in
       Abgrenzung zur Haushaltrechnung und Finanzbuchhaltung 22

III. Mikroökonomische Grundlagen für die Kosten-
     und Leistungsrechnung 24
    1. Kostentheorie 24
    2. Betriebswirtschaftliche Analyse der Preissituationen
       in der öffentlichen Verwaltung 28
    3. Produkte der Verwaltung 31

IV. Systeme der traditionellen Kostenrechnung 35
    1. Überblick 35
    2. Systeme im Einzelnen 36
       2.1 Vollkostenrechnung 37
       2.2 Teilkostensysteme 38
    3. Grundprinzipien der Kostenrechnung 39
    4. Teilbereiche der traditionellen Kostenrechnung 41
       4.1 Kostenartenrechnung 43

4.2 Kostenstellenrechnung 57
4.3 Kostenträgerrechnung 79

V. Betriebsergebnisrechnung 89

VI. Kostenmanagement 91

VII. Teilkostenrechnungen 94

VIII. Grenzplankostenrechnung 101

IX. Break-even-Analyse 102

X. Prozesskostenrechnung 104

XI. Eignung von Kostenrechnungssystemen 108

Literatur 109

Anhang 110
Anhang 1: Beispiel einer Produktbeschreibung nach KGSt-Bericht 5/1977 111
Anhang 2: Auszug Abschreibungssätze nach KGSt-Bericht 1/1999 113
Anhang 3: Kostenstellenplan eines Kreiskrankenhauses 114
Anhang 4: Beispiel für BAB "Jugendmusikschule" 116
Anhang 5: Beispiel für BAB "Bestattungswesen" 118
Anhang 6: Kalkulation eines Abwasserpreises 120
Anhang 7: Betriebsergebnisrechnung Eigenbetrieb "Abwasser" 122

Vorwort

Seit über 10 Jahren befindet sich die öffentliche Verwaltung im Wandel mit dem Ziel der Schaffung zukunftsfähiger Strukturen. Effizienz und Effektivität des Verwaltungshandelns sind dabei die zentralen Steuerungsgrößen einer leistungsfähigeren Verwaltung. Dafür bedarf es der Implementierung betriebswirtschaftlicher Steuerungsinstrumente. Diese in der Verwaltungspraxis mit dem Begriff erfassten „Neue Steuerungsinstrumente" führen im Ergebnis zu einer stärkeren Wirtschaftlichkeitsorientierung.

Im Zentrum der Neuen Steuerungsinstrumente steht die Kostenrechnung. Im praktischen Verfahrensablauf werden Produkte gebildet (Bsp.: ein Steuerbescheid) und die dafür anfallenden Herstellungskosten erfasst (Bsp.: Sachkosten, Personalkosten). Dadurch werden sämtliche Kosten einer Verwaltungsorganisation verursachungsgerecht den jeweiligen Leistungen zugeordnet. Die so gewonnene Kostentransparenz führt im Rahmen eines Controllingsystems zur Erkennung von Erfolgspotenzialen und zu erheblichen Verbesserungen einer Verwaltungsorganisation.

Das vorliegende Buch gibt im ersten Teil (Prof. Hieber) einen Überblick über den Einsatz des betriebswirtschaftlichen Rechnungswesens in der öffentlichen Verwaltung, die Bedeutung der Kostenrechnung für die Verwaltungsmodernisierung und die mikroökonomischen Grundlagen der Kostenrechnung. Im zweiten Teil (Prof. Bähr) werden die traditionellen Kostenrechnungssysteme sowie u.a. Teilkostenrechnungen, Grenzplan- und Prozesskostenrechnung und neuere Ansätze im Kostenmanagement dargestellt. Abgerundet wird dieser Teil des Buchs im Anhang mit einer Reihe von relevanten Praxisbeispielen aus der öffentlichen Verwaltung.

Diese Neuerscheinung gibt sowohl Studierende in Bildungsbereich (Universitäten, Fachhochschulen, Berufs-, Verwaltungs- und Wirtschaftsakademien usw.) als auch Praktikern in der öffentlichen Verwaltung in sehr verständlicher Form einen Überblick über die Grundlagen und wichtigsten Instrumente der Kostenrechnung.

Ludwigsburg, im Dezember 2001 Uwe Bähr und Fritz Hieber

I. Betriebswirtschaftliches Rechnungswesen in der öffentlichen Verwaltung

1. Überblick

Das betriebswirtschaftliche Rechnungswesen ist das zentrale Führungsinformationssystem und gleichzeitig Entscheidungsgrundlage für das strategische und operative Verwaltungsmanagement. Immer stärker wird für die öffentliche Verwaltung die Anwendung des modernen betriebswirtschaftlichen Rechnungswesens (Finanzbuchhaltung und Kosten- und Leistungsrechnung) und der Abschied von der ausschließlich kameralistischen Einnahmen-Ausgaben-Rechnung gefordert. Die Schwächen der Kameralistik liegen in folgenden Steuerungsdefiziten:

- kein Gesamtbild der Finanz- und Vermögenslage
- abnehmende Vergleichbarkeit mit Verwaltungen, die immer mehr betriebliche Teile mit eigenem Rechnungswesen ausgliedern
- Ziele der Aufgabenerfüllung nur inputorientiert
- geeignete Kennzahlen fehlen (Transparenz des Rechnungswesens)
- unzureichende Erfolgskontrolle (nur über Einnahmeentwicklung und Ausgabenverhalten)

Die Anwendung des betriebswirtschaftlichen Rechnungswesens in der öffentlichen Verwaltung wird zukünftig nicht mehr aufzuhalten sein. Dies wird auch u. a. deshalb immer notwendiger, weil die Haushaltsrechnungen für den Kernetat einer Kommune und die Rechnungslegung für ihre ausgegliederten Betriebe wegen der Transparenz in einem gemeinsamen Konzernabschluss zusammengefasst werden müssen (Öffentliches Rechnungswesen = Erfolgsrechnung + Finanzrechnung + Vermögensrechnung). Das betriebswirtschaftliche Rechnungswesen hat generell folgende Aufgaben zu erfüllen:

- **Dokumentation und Überwachung**
  - Erfassung, Speicherung und Verarbeitung von Leistungs- und Geldgrößen, Kennzahlenentwicklung (interne Orientierung)
- **Rechenschaftslegung und Information**
  - nach gesetzlichen Vorschriften (externe Orientierung)
- **Kontrolle und Planung**

- Grundlage für strategische und operative Planungen und Entscheidungen im Verwaltungsmanagement

Die verschiedenen **Bereiche des Rechnungswesens** werden nach den Kriterien Ziele sowie interne und externe Informationsansprüche systematisiert.

	Einnahmen/Ausgaben	Ertrag/Aufwand	Leistung/Kosten
Ziel	Liquiditätsziel	Erfolgsziel Wirtschaftlichkeitskontrolle	Erfolgsziel Wirtschaftlichkeitskontrolle
Vergangenheit	Bilanzanalyse	Finanzbuchhaltung: Gewinn- und Verlustrechnung, Bilanz	Betriebsbuchhaltung/Kostenrechnung: Nachkalkulation
Gegenwart	Liquiditätsstatus	Kurzfristige Abschlüsse	Kalkulation i. S. von Selbstkostenrechnung
Zukunft: betriebsbezogen	Finanzplanung Finanzanalyse	Erfolgsplanung	Plankostenrechnung
projektbezogen	Dynamische Investitionsrechnung		Statische Investitionsrechnung

Abbildung 1: Gliederung nach den Zielen des Rechnungswesens

Orientierung	Bereiche des Rechnungswesens	Ansatzpunkte	Informationsrichtung
Vergangenheit	• Bilanz • Gewinn- und Verlustrechnung	• Vermögen/Kapital • Aufwand/Ertrag	**Externes (= pagatorisches) Rechnungswesen**
Gegenwart	• Kosten- und Leistungsrechnung	• Kosten/Leistung	**Internes (= kalkulatorisches) Rechnungswesen**
Zukunft	• Investitionsrechnung • Finanzplanung	• Einzahlungen/Auszahlungen	

Abbildung 2: Gliederung nach externen und internen Informationsansprüchen an das Rechnungswesen

Der Aspekt der externen und internen Informationsansprüche an das Rechnungswesen kann am Beispiel eines kommunalen Eigenbetriebes (entsprechend LHO/BHO-Betrieb auf Landes- bzw. Bundesebene) dargestellt werden:

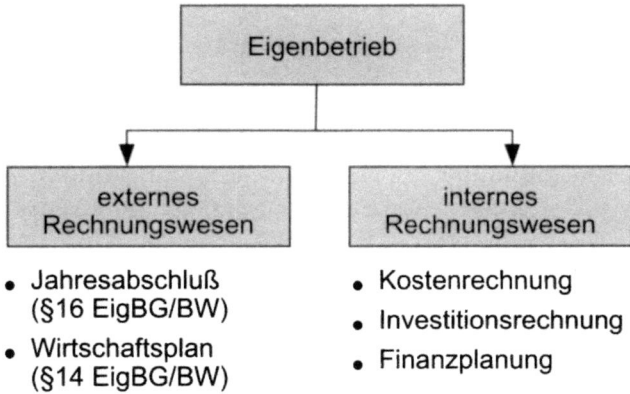

Abbildung 3: Externes und internes Rechnungswesen beim Eigenbetrieb

In der Praxis gibt es eine Reihe von „Interessenten" an den Informationen des Rechnungswesens.

Organisationen \ Informationsempfänger	interne Adressaten	externe Adressaten
öffentliche Verwaltung	• Verwaltungsleitung • Gemeinderat • Mitarbeiter • Personalrat	• Fiskus • Aufsichtsbehörden • Öffentlichkeit/ Bürger
Unternehmungen	• Eigentümer • Management • Mitarbeiter • Betriebsrat	• Gläubiger • Fiskus • Kunde, Lieferant • Öffentlichkeit/ Konkurrenz

Abbildung 4: Informationsempfänger des Rechnungswesens

Im betriebswirtschaftlichen Rechnungswesen gibt es eine Reihe von Grundbegriffen. Beim Übergang vom kameralen Rechnungswesen stellt sich das Kernproblem der Identität bzw. Abgrenzung zwischen Ausgaben und Kosten.

Stromgrößen	
Liquiditätsrechnung	
Auszahlung → Abnahme der liquiden Mittel	**Einzahlung** → Zunahme der liquiden Mittel
Ausgabe → Auszahlungen + Schuldenzugänge (Abnahme des Geldvermögens)	**Einnahme** → Einzahlungen + Forderungszugänge (Zunahme des Geldvermögens)
Gewinn- und Verlustrechnung	
Aufwand → Verminderung des Geld- und Sachvermögens (Wertverzehr in der gesamten Unternehmung)	**Ertrag** → Erhöhung des Geld- und Sachvermögens (Wertzuwachs in der gesamten Unternehmung)
Kosten- und Leistungsrechnung	
Kosten → Wertverzehr durch Produktion	**Leistung** → Wertentstehung durch Produktion
Bestandsgrößen	
Bilanz	
Vermögen	**Kapital**
als Folge wertmäßiger Stromgrößen	

Abbildung 5: Grundbegriffe des Rechnungswesens

2. Betriebswirtschaftliche Ansatzpunkte des Rechnungswesens

Jeder Betrieb ist ein sehr komplexes System mit vielfältigen Funktionen. Er besteht intern grundsätzlich aus zwei Prozessteilen:

- Leistungsprozess:
  Beschaffung (von Ressourcen) – Produktion – Absatz (von Gütern und Dienstleistungen)
- Finanzprozess:
  Die Aufgabe des Finanzmanagements besteht darin, den betrieblichen Leistungsprozess mit finanziellen Mitteln so auszustatten, dass ein reibungsloser Ablauf gewährleistet ist.

Diese betrieblichen Leistungs- und Finanzprozesse müssen durch das Management zielorientiert gesteuert werden. Dazu werden entsprechende Informationssysteme benötigt. Das Rechnungswesen informiert über den Leistungsprozess mit dem Instrument Kosten- und Leistungsrechnung und über den Finanzprozess mit dem Instrument Finanzbuchhaltung.

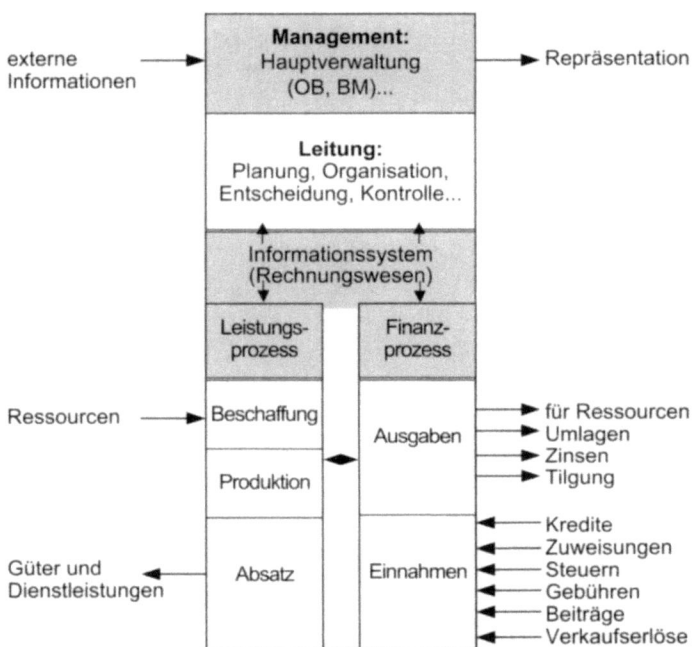

Abbildung 6: Betriebswirtschaftliches Modell eines Verwaltungsbetriebs

Das betriebswirtschaftliche Rechnungswesen ist allerdings nur ein eindimensionales Informationssystem, das über die quantifizierbaren Geschäftsprozesse im Betrieb berichtet. Wichtige qualitative Aspekte des Verwaltungshandelns (z.B. Kundenfreundlichkeit, Qualität) werden nicht dargestellt.

Diese eindimensionale Orientierung des Rechnungswesens muss im Sinne einer strategischen Gesamtsteuerung der öffentlichen Verwaltung durch den Einsatz einer Balanced Scorecard erweitert werden. Im Sportbereich ist eine Scorecard eine Ergebniskarte, auf der die erzielten Resultate eingetragen werden. Ein solches System wurde 1992 von zwei US-Amerikanern, dem Harvard-Professor Robert S. Kaplan und dem Unternehmensberater David P. Norton zur strategischen Steuerung von privaten Unternehmungen entwickelt. Der Begriff Balanced Scorecard bedeutet, dass die Ergebniskarte ausgewogen sein muss. Viele private Unternehmungen werden bis heute ausschließlich mit Finanzkennzahlen gesteuert. Finanzkennzahlen sind aber in der Regel vergangenheitsorientiert und damit für eine strategische Steuerung alleine unzureichend. Mit der Balanced Scorecard wird ein strategisches Controllinginstrument zur Verfügung gestellt, bei dem die klassischen Finanzkennzahlen durch weitere Perspektiven ergänzt werden. Neben finanziellen Aspekten werden Geschäftsprozesse, Kundenorientierung sowie Mitarbeiterpotentiale untereinander ausbalanciert. Mit der Balanced Scorecard lässt sich die Komplexität der öffentlichen Verwaltung sehr gut abbilden. Die sog. vier Perspektiven von Kaplan/Norton müssen nur auf die jeweiligen Führungsinformationsbedürfnisse von Politik und Verwaltungsspitze umgestellt werden.

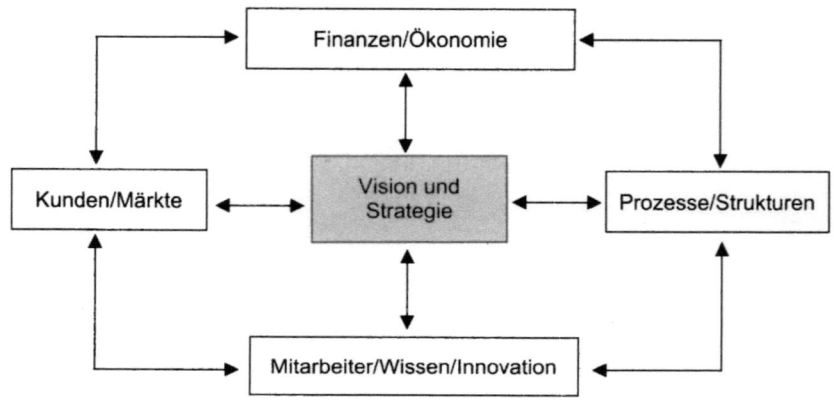

Abbildung 7: Perspektiven einer Balanced Scorecard für die öffentliche Verwaltung

II. Kosten- und Leistungsrechnung in der öffentlichen Verwaltung

1. Bedeutung der Kosten- und Leistungsrechnung für die Verwaltungsmodernisierung

Verwaltungscontrolling ist ein dynamischer Regelkreis (= Zielfindung + Planung + Überwachung + Analyse/Steuerung) und hat das Verwaltungsmanagement mit einem entsprechenden Führungsinformationssystem zur Entscheidungsfindung zu versorgen. Dazu wird unter anderem das interne Rechnungswesen benötigt, dessen Hauptbestandteil die Kosten- und Leistungsrechnung ist.

Die Kosten- und Leistungsrechnung ist im Rahmen des Gesamtsystems Verwaltungscontrolling ein unverzichtbares operatives Instrument, das einen wesentlichen Beitrag für eine in der Privatwirtschaft übliche ergebnisorientierte Steuerung liefert (= Outputorientierung). Während sich das kameralistische Rechnungswesen auf die finanzwirtschaftliche Kontrolle beschränkt, d.h. den ordnungsgemäßen Vollzug des Haushaltsplans, ermöglicht die Kosten- und Leistungsrechnung, die Kosten der einzelnen Verwaltungsprodukte, die Leistungen der Verwaltungseinheiten und die Effizienz des Ressourceneinsatzes (= Kostenwirtschaftlichkeit) zu erfassen.

Wirtschaftliches Handeln in der öffentlichen Verwaltung setzt Transparenz über Kosten und Leistungen voraus.

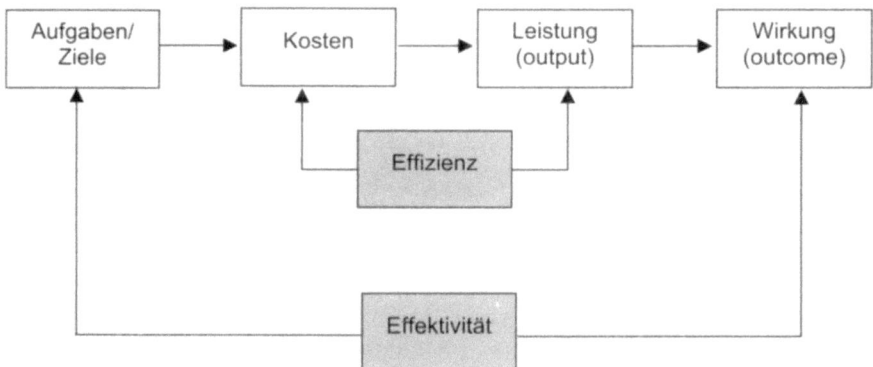

Abbildung 8: Betriebswirtschaftliche Steuerungsgrößen für das Verwaltungsmanagement

Im Rahmen der Verwaltungsmodernisierung (oft auch noch als „Neue Steuerung" bezeichnet) muss die Kosten- und Leistungsrechnung als betriebswirtschaftliches Instrument mit anderen für die Verwaltung relevanten Elementen zu einem sinnvollen System verknüpft werden. Das Ziel des Einsatzes der Kosten- und Leistungsrechung ist nicht die bloße Kostenerfassung sondern vor allem ein betriebswirtschaftlich ermitteltes Budget.

Phasen	Betriebswirtschaftliche Steuerungselemente	Beispiele
I	Produktbildung (= Ergebnisse des Verwaltungshandelns)	Baugenehmigung Gerichtsurteil Steuerbescheid
II	Erfassung der Produktkosten (Kosten- und Leistungsrechnung)	Personalkosten Sachkosten Kalkulatorische Kosten
III	Outputorientiertes Budget	Voraussichtliche Nachfrage X Kosten je Produkt
IV	Zielvereinbarung	Einhaltung des Budgets Zeitdauer Qualität

Abbildung 9: Die Kosten- und Leistungsrechnung als Element eines Gesamtsystems der Verwaltungssteuerung

2. Ziele der Kosten- und Leistungsrechnung im Rahmen der Verwaltungsmodernisierung

Das Hauptziel der Kosten- und Leistungsrechnung ist die Verrechnung des Ressourceneinsatzes (Input) auf die Ergebnisse des Verwaltungshandelns (Output). Dadurch liefert die Kosten- und Leistungsrechnung Informationen zur Steuerung der Effizienz (Kennzahl: Kostenwirtschaftlichkeit).

In der Betriebswirtschaftslehre haben sich für das Zielsystem der Kosten- und Leistungsrechnung folgende Standards herausgebildet:

- Kurzfristige Erfolgserfassung
- Ermittlung von Wertansätzen für die Bilanz
- Kostenkontrolle, Kostenmanagement
- Wirtschaftlichkeitskontrolle
- Entscheidungsgrundlage für die Preisfindung (Kalkulation)

Mit dem Einsatz der Kosten- und Leistungsrechnung als betriebswirtschaftliches Steuerungselement zur Modernisierung der Verwaltung werden nachstehende spezielle Zielanforderungen verbunden:

- Verursachungsgerechte Erfassung der Kosten für die gebildeten Verwaltungsprodukte
- Periodengerechte Zuordnung der Kosten
- Erfassung der kalkulatorischen Kosten
- Kosteninformationen für die interne Verrechnung zwischen den Verwaltungseinheiten
- Entscheidungsgrundlage für Preis- und Gebührenkalkulation
- Informationen für Make or buy – Entscheidungen
- Verbesserte Verwaltungssteuerung durch Kostentransparenz
- Informationen für Benchmarkingprozesse („Von den Besten lernen und selber besser werden")
- Informationen für den Vergleich zwischen verschiedenen Verwaltungsorganisationen (intern und extern)

3. Aufbau und Organisation der Kosten- und Leistungsrechnung bei der Einführung in der öffentlichen Verwaltung

Die wesentliche Aufgabe der Kosten und Leistungsrechnung ist es, Kosten
- zu erfassen (Kostenartenrechnung),
- anschließend zu verteilen (Kostenstellenrechnung),
- und dann den Leistungen zuzurechnen.

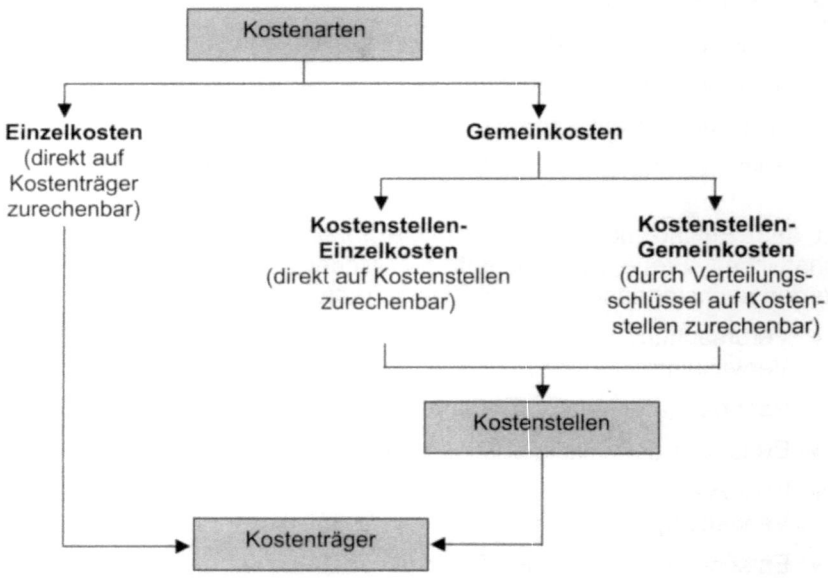

Abbildung 10: Der Zusammenhang der drei Stufen der Kosten- und Leistungsrechnung

Ausgangspunkt der Kostenrechnung ist die vollständige Erfassung aller in der Verwaltung anfallenden Kosten (*Kostenartenrechnung: Welche Kosten sind entstanden?*). Die Basis dafür sind die Haushaltsrechnung und die Gewinn- und Verlustrechnung der Finanzbuchhaltung. In dieser Abgrenzungsrechnung werden die Ausgaben/Aufwendungen und Einnahmen/Erträge einer Periode, die zugleich Kosten und Leistungen sind, unmittelbar in die Kostenarten- und Leistungsartenrechnung überführt. Andere Ausgaben/Aufwendungen und Einnahmen/Erträge werden entweder eliminiert, z.B. weil sie nicht den betrieblichen Leistungsprozess betreffen, oder an ihrer Stelle werden entsprechende Kosten oder Leistungen eingesetzt. Statt degressiver Abschreibung der Finanzbuchhaltung werden z.B. in der Kostenrechnung gewöhnlich lineare Abschreibungen verrechnet (Anderskosten).

- Übernahme von Aufwand/Ausgaben als Kosten aus der Haushaltsrechnung bzw. Finanzbuchhaltung
- Kostenabgrenzung:
  - Aussonderung des neutralen Aufwands (Aufwendungen, die nicht gleich Kosten sind)
  - Ermittlung und Aufnahme von Zusatzkosten (Kosten, die nicht Aufwand/Ausgaben sind = kalkulatorische Kosten)
  - Ermittlung und Korrektur von Anderskosten (Kosten, denen in der Finanzbuchhaltung Aufwand in einer anderen Höhe gegenübersteht, z.B. Abschreibungen)
- Ordnung/Gliederung der Kosten nach Arten

Abbildung 11: Entwicklung der Kostenartenrechnung aus der Haushaltsrechnung und Finanzbuchhaltung

Nach der Kostenerfassung werden in der Kostenartenrechnung alle Kosten, die in einer Abrechnungsperiode entstanden sind nach Arten gruppiert.

Einteilungskriterien	Kostenarten (Beispiele)
Art der verbrauchten Ressourcen	Personalkosten
	Materialkosten
	Energiekosten
	Abschreibungen
Zurechenbarkeit	Einzelkosten (direkt zurechenbare Kosten)
	Gemeinkosten

	(indirekt durch Schlüssel zurechenbar)
Entstehung in den verschiedenen betrieblichen Teilbereichen	Fertigungskosten Verwaltungskosten Vertriebskosten Lagerkosten
nach der Herkunft	primäre Kosten (Verbrauch von Kostenarten von außen) Sekundäre Kosten (Verbrauch von innerbetriebliche erzeugten Leistungen)
Art der Kostenerfassung	aufwandsgleiche Kosten (Übereinstimmung mit der Finanzbuchhaltung) kalkulatorische Kosten (Ermittlung erfolgt speziell für die Kostenrechnung)
nach der Veränderung bei Beschäftigungsschwankungen	fixe Kosten sprungfixe Kosten variable Kosten

Abbildung 12: Einteilung der Kostenarten

Dies ist jedoch nur die Eingangsstufe der Kosten- und Leistungsrechnung. In der sich anschließenden zweiten Stufe der Kostenrechnung *(Kostenstellenrechnung: Wo sind die Kosten entstanden ?)* werden die in der Kostenartenrechnung erfassten Kosten auf die verschiedenen Verwaltungsbereiche (Kostenstellen) verteilt. Das Ziel liegt in der verursachungsgerechten Zuordnung aller Kosten auf die Kostenträger. Dabei können bei der Kostenstellenrechnung die Einzelkosten der Kostenträger unberücksichtigt bleiben, da sie direkt den verursachenden Kostenträgern zugeordnet werden können. Nach Aussonderung der Kostenträgereinzelkosten gehen dann in die Kostenstellenrechnung alleine die Gemeinkosten ein. Ein Teil dieser Gemeinkosten kann als Kostenstelleneinzelkosten direkt der Kostenstelle zugerechnet werden (Bsp.: Gehalt des Leiters der Verwaltungsstelle). Die übrigen Gemeinkosten müssen den Kostenstellen über eine Schlüsselung belastet werden (Bsp.: Heizungskosten).

Die Kostenstelle ist ein Verwaltungsbereich, an dem die zur Leistungserstellung benötigten Ressourcen verbraucht werden. Sie ist ein selbständiger Teilbereich der Verwaltung. Kriterien für die Kostenstellenbildung sind räumliche, funktionelle, rechentechnische und organisatorische Abgrenzung. Grundsätzlich sollten die Kostenstellen in der Verwaltung so gebildet werden, dass sie die Kostenverantwortung gut widerspiegeln.

Die Kalkulation ist die dritte Stufe der Kostenrechnung *(Kostenträgerrechnung: Wer hat die Kosten zu tragen?)*. Sie übernimmt die Einzelkosten aus der Kostenartenrechnung und die Gemeinkosten in Form von Zuschlagsätzen aus der Kostenstellenrechnung. Kostenträger sind Verwaltungsleistungen (Absatzleistungen, innerbetriebliche Leistungen), denen die durch sie verursachten Kosten zugerechnet werden. Alle Verwaltungsleistungen, für die man einen Preis/Gebühr verlangt bzw. verlangen könnte, sind Kostenträger oder Produkte. Die Kostenträgerrechnung muss zum Herzstück der Kosten- und Leistungsrechnung in der öffentlichen Verwaltung entwickelt werden, weil nur diese Rechnung letztendlich die Frage beantwortet wird: Was kostet ein Verwaltungsprodukt (Bsp.: Eheschließung, Steuerbescheid, Gutachten, Gerichtsurteil usw.)? Die Kostenträgerrechnung ist einerseits die Entscheidungshilfe für die Preis- bzw. Gebührenkalkulation und andrerseits ein Kontrollinstrument zur Überprüfung von Zielvereinbarungen (z.B. ein festgelegter Kostendeckungsgrad).

- Ermittlung der Kosten der Verwaltungsprodukte
- Ermittlung des Erfolgs der Verwaltungsprodukte
- Informationen zur Preis- und Produktprogrammpolitik
- Informationen zur Bewertung der unfertigen und fertigen Produkte
- Informationen für Make or buy-Entscheidungen

Abbildung 13: Aufgaben der Kostenträgerrechnung

4. Grundbegriffe der Kosten- und Leistungsrechnung in Abgrenzung zur Haushaltrechnung und Finanzbuchhaltung

Zur Struktur der Grundbegriffe des betriebswirtschaftlichen Rechnungswesens gehört die Abgrenzung zwischen den verschiedenen Bereichen des Rechnungswesens. Dabei wird aber auch für die Anwendung des betriebswirtschaftlichen Rechnungswesens in der öffentlichen Verwaltung deutlich, dass die Daten der Haushaltsrechnung für die Bedürfnisse der Finanzbuchhaltung aufgearbeitet bzw. übernommen werden können und daran anschließend eine Weiterverarbeitung fließend in der Kosten- und Leistungsrechnung erfolgen kann. Die Zusammenhänge bzw. Unterschiede werden in den beiden nachstehenden Abbildungen aufgezeigt.

Auszahlungen				
1 Auszahlungen keine Ausgaben	2 Auszahlungen = Ausgaben	3 Ausgaben, keine Auszahlungen		
	Ausgaben			
	4 Ausgaben kein Aufwand	5 Ausgaben = Aufwand	6 Aufwand keine Ausgaben	
		Aufwendungen		
		7 neutraler Aufwand	8 Zweckaufwand = Grundkosten	Kalkulatorische Kosten
				9a Zusatzkosten / 9b Anderskosten
			Kosten	

Beispiele:
1 Bartilgung in einer früheren Periode aufgenommenen Kredits
2 Kauf von Materialien gegen Barzahlung
3 Wareneinkauf auf Ziel
4 Zahlung von Pensionen aus einer gebildeten Pensionsrückstellung
5 Kauf, Bezahlung und Verbrauch von Produktionsfaktoren in derselben Periode
6 Verbrauch von Produktionsfaktoren, die erst in späteren Perioden bezahlt werden
7 Spende für wohltätige Zwecke
8 Materialverbrauch für die Produktion
9a Kalkulatorische Miete
9b Verrechnung einer kalkulatorisch höheren als der Bilanzabschreibung

Abbildung 14: Grundbegriffe des betriebswirtschaftlichen Rechnungswesens I

KOSTEN- UND LEISTUNGSRECHNUNG

Einzahlungen		
1 Einzahlungen keine Einnahmen	2 Einzahlungen = Einnahmen	3 Einnahmen, keine Einzahlungen

Einnahmen		
4 Einnahmen kein Ertrag	5 Einnahmen = Ertrag	6 Ertrag keine Einnahmen

Erträge		
7 neutraler Ertrag	8 Zweckertrag = Grundleistung	9 Kalkulatorische Leistung

Leistungen

Beispiele:
1 Aufnahme eines Kredits
2 Verkauf von Waren gegen Barzahlung
3 Wareneinkauf auf Ziel
4 Verkauf von gelagerten Produkten, die in früheren Perioden hergestellt wurden
5 Verkauf produzierter Erzeugnisse
6 Erbringen von betrieblichen Leistungen, die erst in den folgenden Perioden veräußert werden (Produktion auf Lager)
7 Subventionen
8 Verkauf von Waren
9 Bewertung von Waren mit Werten, die über den Anschaffungskosten liegen

Abbildung 15: Grundbegriffe des betriebswirtschaftlichen Rechnungswesens II

III. Mikroökonomische Grundlagen für die Kosten- und Leistungsrechnung

1. Kostentheorie

Die Entwicklung der Kosten hängt wesentlich vom Produktionsvolumen (Verwaltungsleistungseinheiten) ab. Betriebswirtschaftlich muss also untersucht werden, wie die Verwaltungskosten (K) vom Umfang der Verwaltungsleistung (x) abhängen.

$$K = f(x)$$

Aus diesem Ursache-Wirkungs-Zusammenhang ergeben sich nachstehenden Kostenbegriffe:

- **absolut fixe Kosten (Kf):**
  alle Kosten, die unabhängig vom Umfang der Verwaltungsleistung anfallen (Bsp.: Miete, Versicherungsbeiträge). Der Teil der fixen Kosten, der auf die genutzte betriebliche Kapazität entfällt, wird als Nutzkosten bezeichnet, den Teil, der auf die ungenutzte Kapazität entfällt, nennt man Leerkosten.

- **sprungfixe Kosten (Kf):**
  Kosten, die z.B. für ein bestimmtes Beschäftigungsniveau konstant sind (Bsp.: tarifvertraglich fixierte Personalkosten). Veränderungen in der Leistungskapazität für eine Planperiode führen häufig zu Änderungen bei den fixen Kosten. So tritt beim Wechsel vom 1-Schicht-Betrieb zum 2-Schicht-Betrieb eine Erhöhung der fixen Kosten auf, die dann für das neue Beschäftigungsniveau wieder konstant bleiben. Sinkt später das Beschäftigungsniveau später wieder, so verharren i.d.R. zunächst auf dem höheren Niveau, weil ein kurzfristiger Kapazitätsabbau nicht möglich ist. Diesen Effekt bezeichnet man als Kostenremanenz.

- **variable Kosten (Kv):**
  Kosten, die sich mit dem Umfang der Verwaltungsleistungseinheiten verändern

    - proportionale Kostenveränderung (Bsp.: Materialverbrauch)

- progressive Kostenveränderung (Bsp.: Reparaturkosten bei starker Kapazitätsauslastung)
- degressive Kostenveränderung (Bsp.: Materialkosten bei Gewährung von Mengenrabatt)

- **Gesamtkosten (K):**
  setzen sich aus den fixen und variablen Kosten zusammen ($K = K_f + K_v$).

- **Stückkosten (k):**
  Division der Gesamtkosten (K) durch die Gesamtleistung (x) ergibt die Stück- oder Durchschnittskosten einer Verwaltungsleistungseinheit

- **Grenzkosten (K'):**
  Veränderung der Gesamtkosten (dK) bei Erhöhung der Verwaltungsleistung um eine Einheit (dx) $\left(K' = \dfrac{dK}{dx}\right)$

Die grafischen Darstellungen sollen den Zusammenhang zwischen Kosten und Kapazitätsauslastung verdeutlichen.

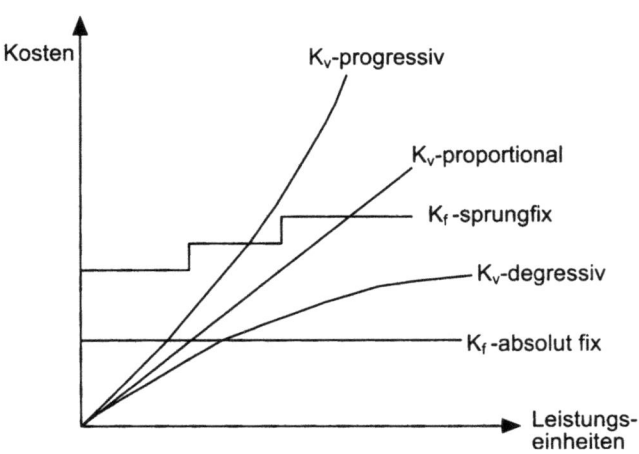

Abbildung 16: Kosten in Abhängigkeit vom Umfang der Verwaltungsleistungseinheiten

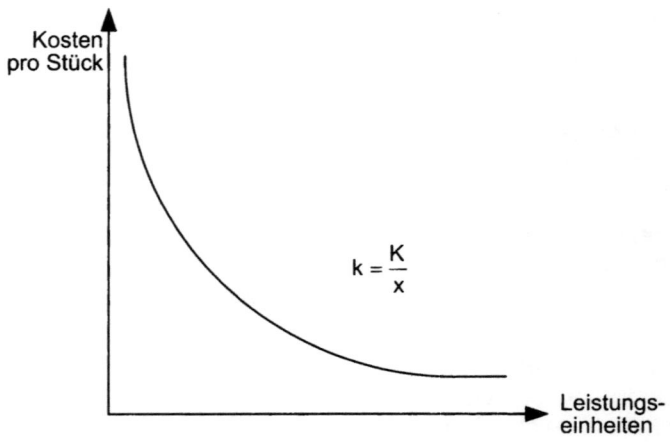

Abbildung 17: Stückkosten
(Gesamtkosten pro Verwaltungsleistungseinheit)

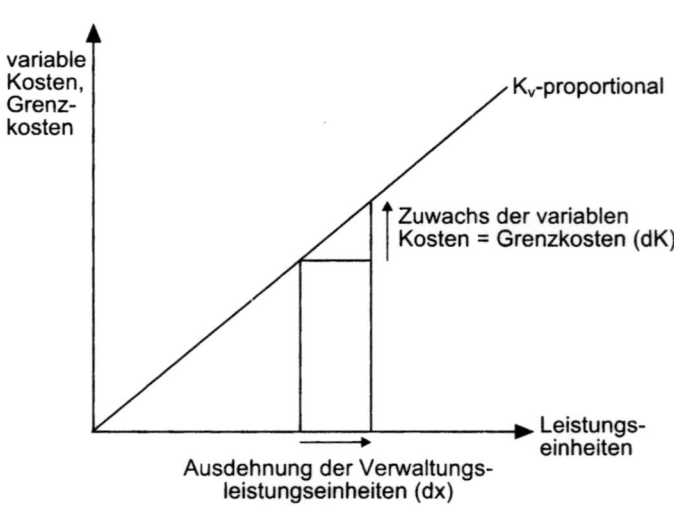

Abbildung 18: Grenzkosten
(Kostenzuwachs bei Ausdehnung der Verwaltungsleistungseinheiten)

Zu einer Entscheidungsfindung über eine Ausdehnung oder Reduzierung des Angebots von Verwaltungsleistungen müssen die Grenzkosten mit den zusätzlichen Einnahmen (Grenzeinnahmen, Grenzerlös) ins Verhältnis gesetzt werden. So führt z.B. die Ausdehnung der Öffnungszeit eines kommunalen Bürgeramts zu zusätzlichen Kosten (Personalkosten, kalkulatorische Mietkosten usw.), die aus betriebswirtschaftlicher Sicht mit den zusätzlichen Gebühreneinnahmen verglichen werden müssen. Nur so kann festgestellt werden, ob die Ausdehnung der Öffnungszeit sich selbst finanziert oder neue Defizite für die Kommune entstehen.

In den Wirtschaftswissenschaften wird bei der Analyse der Abhängigkeit zwischen Kosten und Produktionsmenge zwischen nicht-linearen und linearen Kostenfunktionen unterschieden.

Bei einem nicht-linearen Verlauf steigen die Gesamtkosten zunächst degressiv und dann progressiv. Stückkosten-, variable Stückkosten- und Grenzkostenkurve haben einen u-förmigen Verlauf. Dabei schneidet die Grenzkostenkurve in ihrem aufsteigenden Ast nacheinander die Kurven der variablen Stückkosten (Betriebsminimum) und der gesamten Stückkosten (Betriebsoptimum) im jeweiligen Kurvenminimum.

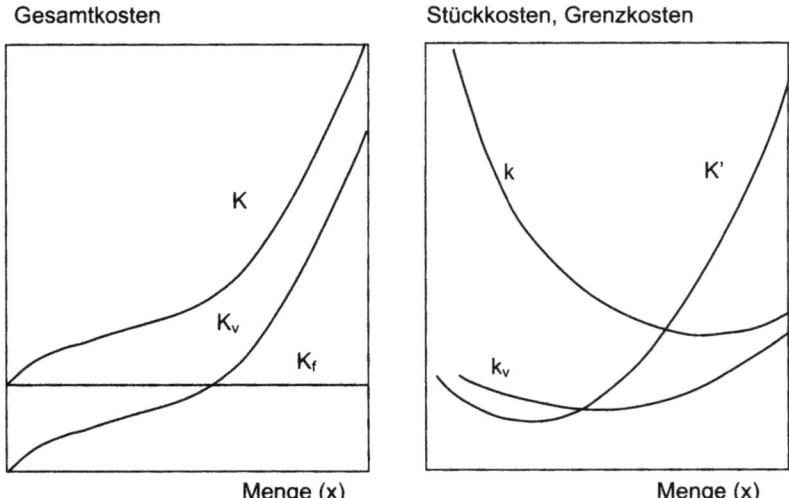

Abbildung 19: Gesamt- und Stückkostenverläufe bei nicht-linearer Kostenfunktion

Bei einem linearen Verlauf der Gesamtkosten verändern sich die variablen Kosten immer im gleichen Verhältnis zur Produktionsmenge. Der Anteil der fixen Kosten bleibt unverändert. Der Verlauf der Gesamtkosten wird allein von den variablen kosten determiniert. Die Stückkosten sinken unter dem Einfluss der fixen Kosten (Fixkostendegression). Bei steigender Produktionsmenge wird der Anteil der fixen Kosten pro Stück immer kleiner (Gesetz der Massenproduktion). Der Verlauf der Kurven der Grenzkosten und variablen Stückkosten ist konstant und identisch.

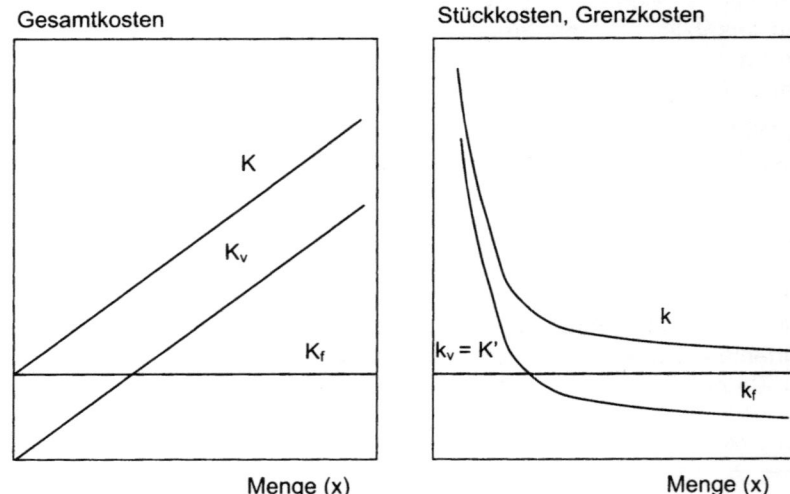

Abbildung 20: Gesamt- und Stückkostenverläufe bei linearer Kostenfunktion

2. Betriebswirtschaftliche Analyse der Preissituationen in der öffentlichen Verwaltung

In der öffentlichen Verwaltung ist die Frage zunehmend wichtiger geworden: In welchem Umfang können die Verwaltungskosten durch entsprechende Einnahmen finanziert werden?

Mit der Break-even-Analyse wird ein kritischer Kostenpunkt erfasst. Im Break-even-Punkt werden die Gesamtkosten durch die Einnahmen/Umsatzerlöse voll finanziert. Nach diesem Punkt (Gewinnschwelle) beginnt die Gewinnzone. Die jeweiligen Deckungsbeiträge (Differenz zwischen Gebühreneinnahmen und variablen Kosten) zur Finanzierung der Fixkostenblöcke (öffentlicher Einrichtungen) sind eine weitere wichtige Information. Darüber hinaus ist die Break-even-Analyse ein Marketinginstrument im Rahmen des Preismanagements.

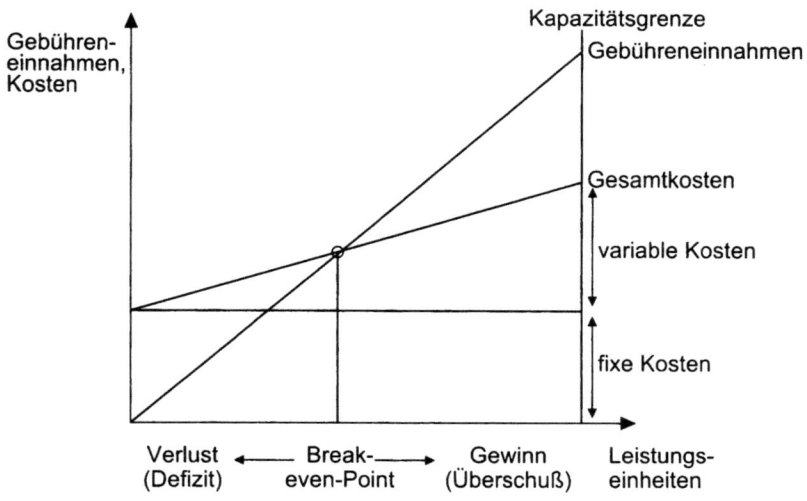

Abbildung 21: Break-even-Analyse

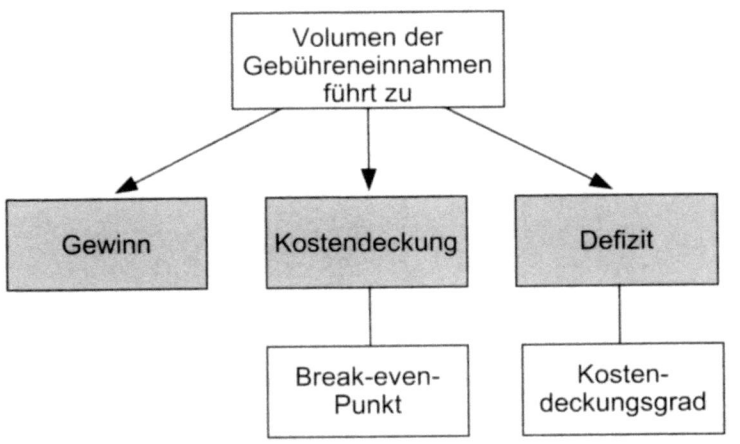

Abbildung 22: Verhältnis zwischen Kosten und Gebühreneinnahmen

Als Orientierungshilfe für eine kostenorientierte Preis- bzw. Gebührenbildung dient die Bestimmung der sog. Preisuntergrenze. Das privatwirtschaftliche Ziel einer Preiskalkulation ist zunächst immer, dass möglichst alle anfallenden Kosten durch den Verkauf eines Produktes gedeckt werden und darüber hinaus noch ein ausreichender Gewinn erzielt wird.

Die Preisuntergrenze gibt den Preis an, den eine Unternehmung (Organisation) benötigt, um langfristig (= langfristige Preisuntergrenze) oder kurzfristig (= kurzfristige Preisuntergrenze) bestehen zu können.

Die langfristigen Preisuntergrenze führt zu kostendeckenden Erlösen. Der Preis entspricht den Stückkosten.

Bei kurzfristiger Betrachtung verursacht die Produktion und der Verkauf von Gütern nur variable Kosten. Bei der kurzfristigen Preisuntergrenze werden nur die variablen Kosten gedeckt. Der Preis entspricht den variablen Stückkosten. In Höhe der fixen Kosten ergibt sich dann ein Verlust, der allerdings auch anfallen würde, wenn nichts produziert und verkauft wird.

Die unterschiedlichen Gebührenstrategien in der öffentlichen Verwaltung

Gewinnerzielung – Kostendeckung – Defizit per Kontraktmanagement

können sehr übersichtlich in einem Schaubild (Abb. 23) durch die Preis-Absatz-Funktion und die Stückkostenkurve dargestellt werden. Dabei wird ein linearer Kostenverlauf unterstellt.

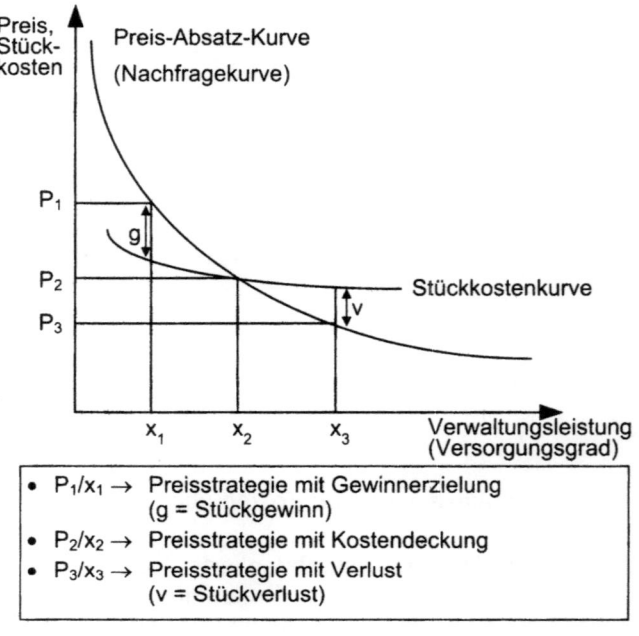

Abbildung 23: Preissituationen in der öffentlichen Verwaltung

Betriebswirtschaftliches Ziel	Gesamtbetrachtung	Stückbetrachtung
1. bestimmter Kostendeckungsgrad	Umsatz < Kosten	Preis < Stückkosten
2. Kostendeckung	Umsatz = Kosten	Preis = Stückkosten
3. Gewinn	Umsatz > Kosten	Preis > Stückkosten

Abbildung 24: Betriebswirtschaftliche Ziele in der Gesamt- und Stückbetrachtung

3. Produkte der Verwaltung

Im Gegensatz zur privatwirtschaftlichen Produkterstellung (Waren und Dienstleistungen gegen Entgelt) muss für die Verwaltung das entsprechende Produkt zunächst neu definiert und formuliert werden. Die Ausbringungsleistung ist ein Produkt. Aus der Aufgabenstellung ergibt sich, dass diese Produkte in der Regel keinem Markt und somit auch keinem Preisvergleich ausgesetzt sind. Damit fehlt gleichfalls die auf dem Markt üblicherweise vorkommende Konkurrenz und die Selektierung der Produkte durch die Nachfrager. Der Vergleich von Verwaltungs- oder Behördenleistungen lässt sich jedoch nur dann anstellen, sofern alle dasselbe darunter verstehen. Qualität und Kosten der Produkterstellung spielen dabei eine erhebliche Rolle. Dabei ist es unerheblich, ob die Leistung unentgeltlich, zu regulierten Preisen oder aufgrund einer Kostenrechnung ermittelt wird. Mit zum Wesen der „Neuen Steuerung" gehören die Wirtschaftlichkeit und Vergleichbarkeit. Sie sind von herausragender Bedeutung. Dies macht es erforderlich, die Leistungen in Produkten zu definieren. Für Baden-Württemberg liegt ein kommunaler Produktplan[1] vor.

Sehr häufig wird nicht nur ein Referat eines Fachbereichs an der Erstellung eines Produktes/Leistung beteiligt sein, sondern auch Referate /Organisationseinheiten anderer Fachbereiche.

---

[1] Schriftenreihe des Innenministeriums Baden-Württemberg zum kommunalen Haushalts- und Rechnungswesen Heft 2, 1996

Beispiel: Baugenehmigung als Leistungserbringung

Antragstellung   *beteiligte Referate*   *Genehmigung*

Baurecht
Tiefbauamt
Planungsamt
Ver- und Entsorgung

Zu den Leistungen gehören auch Produkte, die vom Bürger nicht nachgefragt werden, die er dennoch erhält, wie z.B. einen Bußgeldbescheid bei einer Verkehrsordnungswidrigkeit. Zur Durchführung von internen Leistungsverrechnungen ist es gleichfalls notwendig, diese auf der Basis von Produkten durchzuführen.

Die Produkte werden künftig eine zentrale Stellung im Verwaltungshandeln einnehmen, wie das Schaubild der KGSt zeigt:

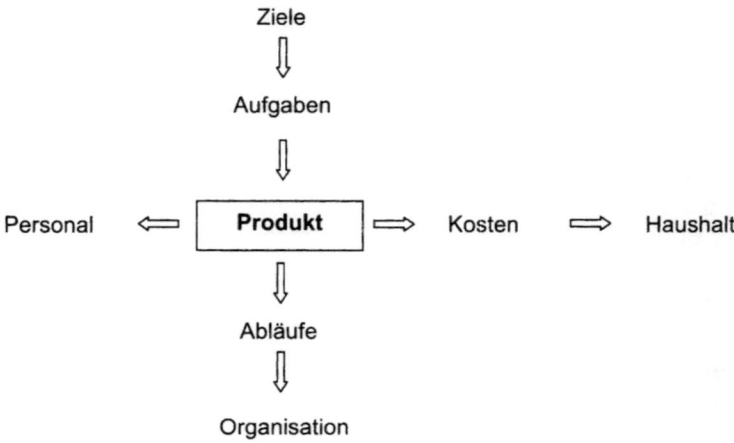

Abbildung 25: Produkte als zentrale Objekte des Verwaltungshandelns

MIKROÖKONOMISCHE GRUNDLAGEN

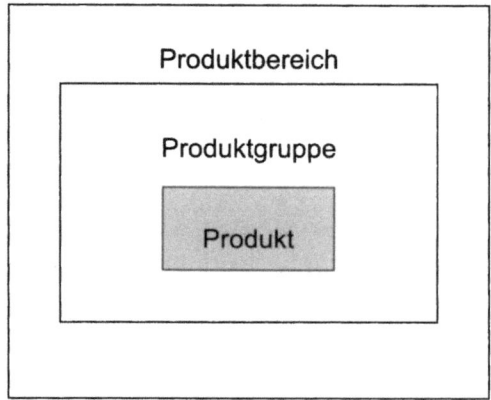

Abbildung 26: Produkthierarchie

▣ Produktbereich

Der Produktbereich ist die höchste Ebene der Produkthierarchie. Es werden Produktgruppen aus inhaltlicher und strategischer Sicht zusammen gefasst. Damit wird ein Gesamtüberblick über das Leistungsspektrum der nachgeordneten Produktgruppen möglich. Jede Produktgruppe muss eindeutig einem Produktbereich zugeordnet sein.

▣ Produktgruppe

Es werden die Produkte zusammengefasst, die aus der Sicht des Nachfragers (Kunden = Bürger; andere Verwaltungseinheiten) miteinander in Zusammenhang stehen. Jedes Produkt muss eindeutig einer Produktgruppe zugeordnet sein.

▣ Produkt

Als Produkt ist grundsätzlich der Kostenträger, dem Ausgaben/Kosten und Einnahmen/Erlöse zugeordnet werden können, anzusehen. Das Produkt ist aus der Sicht des Kunden zu bestimmen, unabhängig davon, ob die Leistung innerhalb oder außerhalb der Verwaltung/Behörde benötigt wird, und für die in der Regel bei einem privaten Leistungsersteller ein Preis zu bezahlen wäre.

Beispiele

Produktbereich: Zentrale Verwaltung

Produkt

Produkt: 10.1.1.02 Gemeinderats-/Kreistags- und Ausschusssitzungen vorbereiten, organisieren, nachbereiten, dokumentieren

Kurzbeschreibung:

- Besetzung des Gemeinderats/Kreistags und seiner Ausschüsse
- Vorbereitung der Beratungsunterlagen
- Einladung, organisatorische Betreuung, Protokollierung der Sitzungen
- Einladung und Organisation der Ortstermine und Rundfahrten
- Pflege des Ratsinformationssystems

Produktbereich 34.1 : Personenstandswesen

Produkt: 34.1.1.01 Beurkundung von Geburten

Kurzbeschreibung:

- Erstfeststellung personenbezogener Daten zur Identitätsermittlung eines Bürgers
- Berichtigung und Aktualisierung der Daten in den Personenstandsbüchern, incl. Archivierung der Unterlagen

Abbildung 27: Produktbeschreibungen

Anhang 1: Beispiel einer Produktbeschreibung nach KGSt – Bericht 5/1997

IV. Systeme der traditionellen Kostenrechnung

1. Überblick

Neben den grundsätzlichen Überlegungen in Kapitel II Ziffer 3 sind bei der Einführung oder dem Ausbau einer Kostenrechnung in der öffentlichen Verwaltung sind mehrere Grundsatzentscheidungen zu treffen. Dabei geht es um die konkreten Anforderungen, die die Verwaltung an die Kostenrechnung stellt. In diesen ist u. a. zu entscheiden

- Wie die Kosten auf Kostenträger zu verrechnen sind?,
- Ob die Kostenrechnung als Ist-, Normal- oder Plankostenrechnung aufgebaut wird?
- Welchen Kostenträgern die Kosten zugerechnet werden sollen?
- Wie die Kostenrechnungsdaten zugerechnet und weitergegeben werden?

Abbildung 28: Grundsatzentscheidungen[2]

---

[2] In Anlehnung an Däumler, Klaus-Dieter, / Grabe Jürgen, Kostenrechnung 1 – Grundlagen – ,S. 97, 8. Aufl., Verlag Neue Wirtschaftsbriefe, Herne/Berlin 2000

Die einzelnen Systeme müssen den Anforderungen der Praxis entsprechen. Bei der Heterogenität der Verwaltung wird es kein Konzept geben, das für alle gültig sein wird. Die von der allgemeinen Kostenrechnungstheorie entwickelten Grundsätze können im Wesentlichen auf das betriebswirtschaftliche Rechnungswesen der öffentlichen Verwaltung übertragen werden. Sie sind durch Merkmale gekennzeichnet und werden dadurch schließlich differenziert.

2. Systeme im Einzelnen

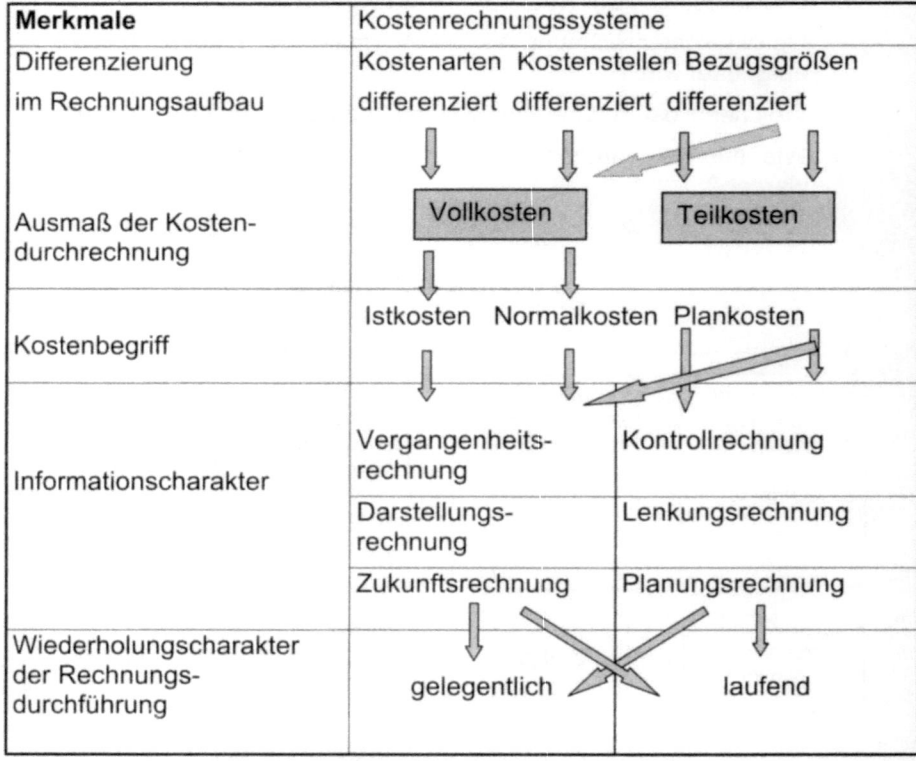

Abbildung 29: Kostenrechnungssysteme

▣ Vollkostenbasis

Es werden die gesamten ermittelten Kosten auf die Kostenträger verteilt. Die spezifische Ausgestaltung orientiert sich an den verfolgten Zwecken. Diese Zwecke können von den unterschiedlichsten Abrechnungssystemen nicht in gleicher Weise erfüllt werden. Als wichtigste Gliederungsmerkmale sind zu sehen

- die zeitliche Ausrichtung eines Kostenrechnungssystems,
- der Umfang, der auf die Bezugsobjekte (Kostenstellen, Kostenträger) verrechneten Kosten.

Somit kann dann unterschieden werden in

- vergangenheits- und zukunftsbezogene Kostenrechnungssysteme,
- Voll- und Teilkostensysteme.

▣ Istkostenbasis

Die Kosten setzen sich im allgemeinen aus einer Mengenkomponente und einer Wertkomponente zusammen, ohne die Eliminierung von Zufälligkeiten (Preisschwankungen etc.). Es handelt sich um tatsächlich angefallene Kosten. Sie werden aus der Buchhaltung übernommen und stellen Vergangenheitswerte dar.

Unabhängig davon gliedern sich die Kostenrechnungssysteme in die drei Teile Kostenarten-, Kostenstellen- und Kostenträgerrechnung. Es werden jeweils Kosteninformationen unter einem speziellen Aspekt vermittelt. Damit ergeben sich dann spezifische Kontrollmöglichkeiten.

2.1 Vollkostenrechnung

Die Vollkostenrechnung eignet sich für die Kalkulation von Entgelten und Gebühren. Bei der Kalkulation zur Ermittlung von innerstädtischen Verrechnungssätzen sind Vollkostenrechnung bzw. Teilkostenrechnung möglich. Im interkommunalen Vergleich wird der Vollkostenrechnung in der Regel der Vorzug gegeben.

▣ Istkostenrechnung

Die Istkostenrechnung ist die traditionelle Form der Kostenrechnung. Sie ermöglicht eine einfache Abrechnung für eine Periode. Ihre Vergleichbarkeit mit den Istkosten mehrerer Perioden ist schwierig, weil Schwankungen von Mengen und Preisen nicht geglättet werden. Solche Schwankungen gehen unter Umständen in die Kalkulation ein. Kosten und Mengenschwankungen bei öffentlich-rechtlichen Gebühren müssen dann über das KAG geregelt werden[3].

Hauptaufgabe der Istkostenrechnung ist die Nachkalkulation.

◘ **Normalkosten**

In der Normalkostenrechnung werden Durchschnittswerte aus vergangenen Abrechnungsperioden dargestellt. Mengen und Preise sind Durchschnittswerte aus der Istkostenrechnung. Für Abweichungsanalysen ist sie nicht geeignet. Ihr Vorteil liegt darin, dass Ausreißer, wie sie beispielsweise in der Bauunterhaltung vorkommen, egalisiert werden.

◘ **Plankostenrechnung**

Aufgrund von detaillierten Berechnungen oder Messungen werden künftige Erwartungen beim Kostenanfall vorausgeplant und somit die Kostenentwicklung für die einzelnen Kostenstellen und Kostenträger für künftige Perioden vorgegeben. Die Plankostenrechnung ist in die Zukunft gerichtet. Sie ist Steuerungsgröße, die auch zur Abstimmung mit dem Haushaltsplan dient.

Die Abweichungen zwischen Normalkosten und Plankosten einerseits und den Istkosten andererseits sind gesondert zu erfassen und stellen ein wichtiges Instrument der Kostenkontrolle (Soll-Ist-Vergleich) dar. Für Wirtschaftlichkeitskontrollen in der Verwaltung ist dies ein hervorragendes Instrument.

2.2 Teilkostensysteme

Sie werden angewandt, wenn nur die entscheidungsrelevanten Kosten in die Betrachtung und Entscheidung einbezogen werden sollen. S. Kapitel VII.

◘ **Teilkostenrechnung**

Von Teilkosten geht man aus, wenn nur ein Teil der Kosten den Kostenträgern zugerechnet werden und der andere Teil der Kosten auf anderen Wegen in das Betriebsergebnis übertragen wird. Im Unterschied zur Vollkostenrechnung, in der die gesamten Kosten auf die Kostenträger

---

[3] Vgl. § 9 Abs. 2 Satz 4 KAG Baden-Württemberg

verrechnet werden, wird i.d.R. nur der variable Teil der Kosten den Erlösen zugeordnet, während die Fixkosten durch den Deckungsbeitrag zu finanzieren sind. Es wird grundsätzlich zwischen der Teilkostenrechnung auf der Basis von variablen Kosten und auf der Basis von relativen Einzelkosten (nach Riebel) unterschieden.

3. Grundprinzipien der Kostenrechnung

Es handelt sich um Zurechnungsgrundsätze

Verursachungsprinzip – Prinzip der Kostenverursachung

Jede Kostenstelle und jeder Kostenträger wird mit dem Kostenbetrag belastet, den er in der jeweiligen Periode verursacht hat. Dies sind sowohl beschäftigungsvariable als auch die beschäftigungsfixen Kosten. Es muss ein kausaler Zusammenhang von Kostenentstehung und Verbrauch der Faktoren bestehen.

Durchschnittsprinzip – Prinzip der Durchschnittsbildung

Sie ist eine Hilfsmethode, die zur Anwendung kommt, falls das Verursachungsprinzip versagt. Die Kosten fallen nur indirekt für die betriebliche Leistungserstellung an. Ein kausaler Zusammenhang zwischen Verursachung und Zurechnung besteht dann nicht, weil die Bezugsgrößen zuvor bestimmt wurden, so dass sich ein Durchschnittskostensatz pro Bezugsgrößeneinheit ergibt (z.B. Bürgermeistergehalt, Kosten der politischen Führung). Als Bezugsgrößen kommen Wertgrößen und Mengengrößen in Betracht.

Tragfähigkeitsprinzip – Deckungsprinzip

Dem Kostenträger – Verwaltungsprodukt – werden nur die Kosten zugerechnet, die sich am Markt über den Preis durchsetzen lassen. Dadurch entsteht eine verzerrte Ausweisung der Kosten, die weder eine zweckgerechte Erfolgsanalyse ermöglichen, noch als Grundlage für die Verwaltungsentscheidung dienen können. Für die Gebührenkalkulation nach KAG ist das Tragfähigkeitsprinzip nicht zweckorientiert, da das KAG bei der Gebühr das Äquivalenzprinzip unterstellt.

Beispiel

Die Verwaltung stellt in der Produktgruppe „Ausweise" als Produkt
- Personalausweise und
- Reisepässe

für den Bürger her

SYSTEME DER TRADITIONELLEN KOSTENRECHNUNG

In der Betrachtungszeit werden 1.600 Personalausweise und 950 Reisepässe hergestellt. Die Produkteinzelkosten betragen bei den Personalausweisen € 9,77 und für den Reisepass € 20,81. Die beschäftigungsvariablen Produktgemeinkosten betragen € 12,83 bzw. € 10,07 je Produkteinheit. Die beschäftigungsfixen Kosten betragen im Betrachtungszeitraum € 61.300,--. Dadurch ergeben sich Produktkosten von € 46,64 bzw. € 54,92.

Die oben dargestellten Kostenzurechnungsprinzipien führen zu unterschiedlichen hohen Gesamtkosten und damit auch zu unterschiedlich hohen Stückkosten.

▣ Verursachungsprinzip

Die Gesamtkosten (K) errechnen sich für das Produkt Personalausweis mit

$$K_1 = (€\ 9{,}77 + €\ 12{,}83) \cdot 1.600\ \text{Stück} = €\ 36.160{,}--$$

▣ Durchschnittsprinzip

Die Gesamtkosten für das Produkt Personalausweis errechnen sich bei Zugrundelegung der beschäftigungsvariablen Herstellkosten als Bezugsgröße

$$K_1 = €\ 36.160 + \frac{€\ 61.300}{(€\ 22{,}6 \cdot 1.600 + €\ 30{,}88 \cdot 950)} \cdot €\ 36.160 = €\ 66.484{,}61$$

▣ Tragfähigkeitsprinzip

Die Gesamtkosten für das Produkt Personalausweis betragen

$$K_1 = €\ 36.160 + \frac{€\ 61.300}{(€\ 46{,}64 - €\ 22{,}6) \cdot 1.600 + (€\ 54{,}92 - €\ 30{,}88) \cdot 950} \cdot €\ 29.336$$

$$= €\ 30.197{,}42$$

Als Stückkosten erhält man für das Produkt Personalausweis

Kostenverursachungsprinzip	€ 22,6
Durchschnittsprinzip	€ 41,55
Tragfähigkeitsprinzip	€ 18,87

4. Teilbereiche der traditionellen Kostenrechnung

◘ **Kostenbegriff**

Für die Verwaltung wird der nach der herrschenden Lehre (Schmalenbach) geltende Kostenbegriff zugrunde gelegt. Dies ist ein wertmäßiger Kostenbegriff.

> „Kosten sind der bewertete Verzehr von Sachgütern und Dienstleistungen für die Beschaffung, die Erstellung und den Absatz von betrieblichen Leistungen einschließlich der Aufrechterhaltung der dafür erforderlichen Kapazitäten sowie öffentlicher Abgaben".

Drei Merkmale charakterisieren den Kostenbegriff:
- Kosten entstehen beim Verzehr der Faktormengen (z.B. Arbeit, Material, Kapital), beim Güterverbrauch im weitesten Sinne.
- Nur der Güterverbrauch, der sich aus Erstellung und Verwertung betrieblicher Leistungen ergibt, wird den Kosten zugerechnet.
- Der Güterverbrauch muss bewertbar sein. Er muss einen Wert haben. Dadurch ist es möglich, den Verbrauch an Faktormengen wertmäßig zu erfassen und zu bewerten.

Der pagatorische Kostenbegriff geht nicht vom Verbrauch von Sachgütern und Dienstleistungen aus, sondern von Ausgaben. Weil Ausgaben nicht immer mit der Rechnungsperiode übereinstimmen, hat sich dieser Begriff nicht als zweckmäßig erwiesen.

Wie funktioniert der Datenfluss im Rechnungswesen der Verwaltung? Generell sind zwei Möglichkeiten gegeben:

SYSTEME DER TRADITIONELLEN KOSTENRECHNUNG

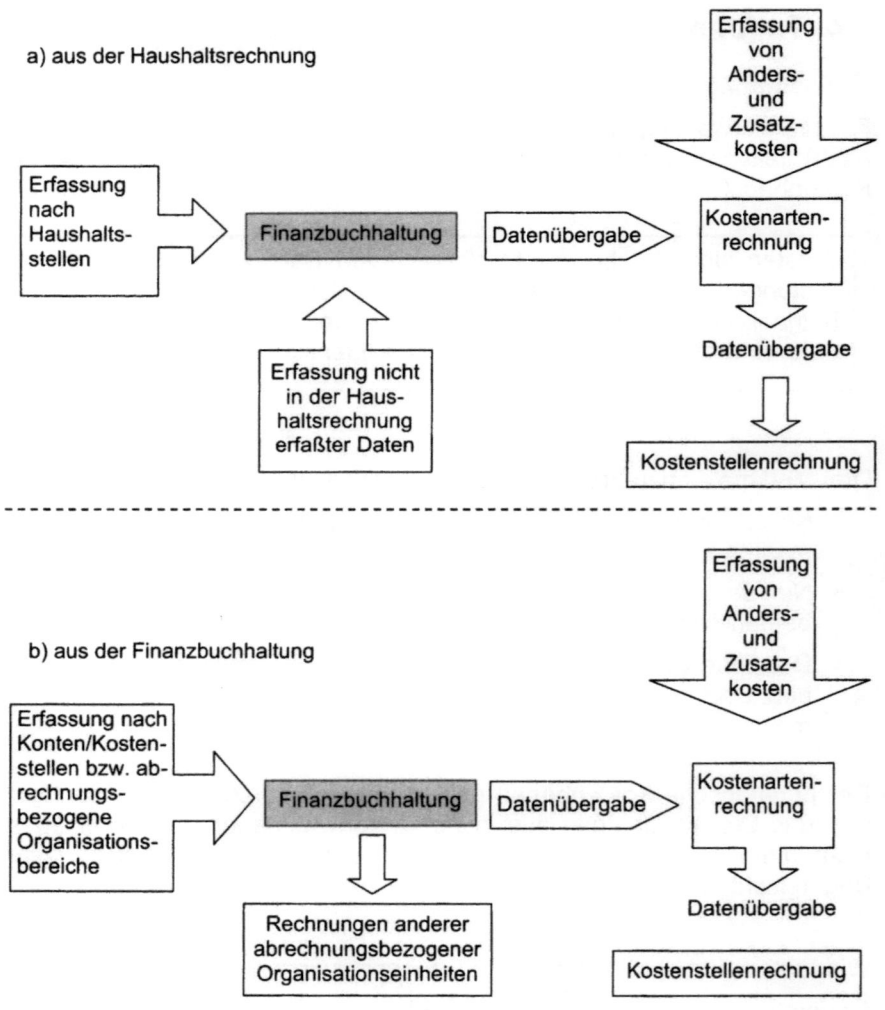

Abbildung 30: Datenfluss zur Kostenrechnung

4.1 Kostenartenrechnung

Die Kostenartenrechnung ist Ausgangspunkt der Kostenrechnung. Sie bildet die Grundlage für die Kostenstellenrechnung und die Kostenträgerrechnung. In der Kostenartenrechnung werden alle in einer Periode anfallenden Kosten genau erfasst und nach ihrer Art aufgegliedert. Ein Teil der Kosten wird aus den Nebenbuchhaltungen

- Lohn- und Gehaltsbuchhaltung
- Lagerbuchhaltung
- Anlagenbuchhaltung

übernommen.

Die Kostenerfassung erfolgt durch die Übernahme von Aufwendungen aus der Finanzbuchhaltung als Kosten. Separat werden Kosten ermittelt durch

- Mengenerfassung (je nach Art der verbrauchten Güter und Dienstleistungen)
- Werterfassung (tatsächliche Anschaffungspreise, Wiederbeschaffungspreise, Verrechnungspreise).

Die Kostenabgrenzung ist erforderlich zur

- Aussonderung neutraler Aufwendungen wegen der sachlichen oder zeitlichen Verschiedenheit
- Ermittlung und Aufnahme von Zusatzkosten
- Ermittlung und Korrektur von Anderskosten

Zur Gliederung der Kostenarten wird auf Kapitel II Ziffer 3 verwiesen.

▣ Kostenartenplan

Ein einheitlicher Kostenartenplan für die öffentliche Verwaltung liegt noch nicht vor. Welche Kostenarten abzubilden sind, ist auch eine Frage der Größe der Verwaltungseinheit und der Leistungserstellung (Aufgabenerfüllung). Die Differenzierung wird deshalb von der Größe abhängig sein. Weiter ist die Frage der EDV-Verfahren zu berücksichtigen. Der Kontenplan für die erweiterte Kameralistik ist nicht in jedem Fall praktikabel. Der Entwurf des Gemeinschaftskontenrahmens, der für die Anforderungen der Kommunen entwickelt wurde, sieht in Ausschnitten folgendermaßen aus:

Gruppierung – Gemeinschaftskontenrahmen			Konten-klasse	Ergebnis-wirksam KLR
Gruppierung der Einnahmen und Ausgaben in den kommunalen Haushaltsplan nach Arten (Gruppierungsplan)			gemäß GKG	+ = ja - = nein
HGr Gr Ugr		Bezeichnung der Einnahmearten/Ausgabearten Zuordnung		
5/6	Sämtlicher Verwaltungs- und Betriebsaufwand		60	
	50	Unterhaltung der Grundstücke und baulichen Anlagen		+
	51	Unterhaltung des sonstigen unbeweglichen Vermögens	62	+
	....			
	591	Lehr- und Unterrichtsmittel	62	+

Abbildung 31: Auszug aus Kostenartenplan

🔲 **Einzelne Kostenarten**

Kostenarten können unterschiedlich differenziert werden. Eine Kostenart ist i.w.S. eine Kategorie von Kosten, die hinsichtlich des zugrunde liegenden Kriteriums die gleiche Merkmalsausprägung besitzt.

- Personalkosten
  Personalkosten sind alle Kosten, die durch den Produktionsfaktor Arbeit entstehen. Sie umfassen Gehälter, Löhne, gesetzliche und freiwillige soziale Abgaben und sonstige Nebenkosten.
  Sie spielen in allen Verwaltungen eine dominierende Rolle. Die personelle Besetzung der Kostenstelle hat wesentlichen Einfluss auf den Umfang der Kostenentwicklung

- Materialkosten
  Zu den Materialkosten zählen Betriebs- und Geschäftsausstattung, Rohstoffe, Hilfsstoffe, bezogene Vorprodukte, Energiekosten, Verpackungsmaterial.

- Kalkulatorische Kosten
  Der Werteverzehr dieser Kosten ist in der Finanzbuchhaltung nicht in voller Höhe erfasst. Man unterscheidet

  – Aufwandsart-verschiedene Kosten = Zusatzkosten
  In der Finanzbuchhaltung steht diesen Kosten kein Aufwand gegenüber. Es handelt sich um
    ▫ Kalkulatorische Eigenkapitalzinsen
    ▫ Kalkulatorische Mieten und Pachten

  – Aufwandsberechnungs-verschiedene Kosten = Anderskosten
  Es sind Kosten, denen in der Finanzbuchhaltung Aufwand in einer anderen Höhe gegenübersteht.

- Abschreibungen
  Die Abschreibungen sind der betriebsbedingte Verzehr an begrenzt nutzbaren immateriellen und materiellen Wirtschaftsgütern. Durch den Ansatz der Abschreibung soll die Vermögenssubstanz erhalten und die Kostenträger belastet werden, welche den Leistungsverzehr verursacht bzw. ausgelöst haben. Die Abschreibungen werden entweder aus bilanzieller Sicht oder aus der Sicht der Kostenrechnung (kalkulatorische Abschreibung) vorgenommen. Ausgangswert in der bilanziellen Betrachtung ist der Aktivierungsumfang und der Bewertungsansatz. Für die Kostenrechnung ist das bilanzielle Verfahren unbeachtlich, denn in der Kostenrechnung richtet die Abschreibung sich ausschließlich nach internen Erfordernissen. Die Wertunterschiede zur Handels – und Steuerbilanz resultieren aus der möglichst gleichmäßigen Belastung als Kostenfaktor. Dabei erfolgt der Ansatz als Werteverzehr in der Höhe, die dem tatsächlichen Verschleiß möglichst nahe kommt. Dies führt grundsätzlich zur linearen Abschreibung. Im privaten Sektor ist in der Kostenrechnung die Abschreibung vom Wiederbeschaffungswert möglich. In der öffentlichen Verwaltung werden generell die Anschaffungs- und Herstellungskosten[4] zu Grunde gelegt[5]. Die planmäßige Abschreibung ver-

---

[4] Vgl. § 253 HGB

teilt die Anschaffungs- und Herstellungskosten auf die geplante Nutzungsdauer des Wirtschaftsgutes. Der Anwendungsbereich der außerplanmäßigen Abschreibung erstreckt sich auf das gesamte Anlagevermögen. Sie hat die Aufgabe außergewöhnliche Wertminderungen zu erfassen. Außerplanmäßige Abschreibungen sind nicht Gegenstand der Kostenrechnung. Die Abschreibungen sind unter dem Aspekt der Finanzierung zu sehen:

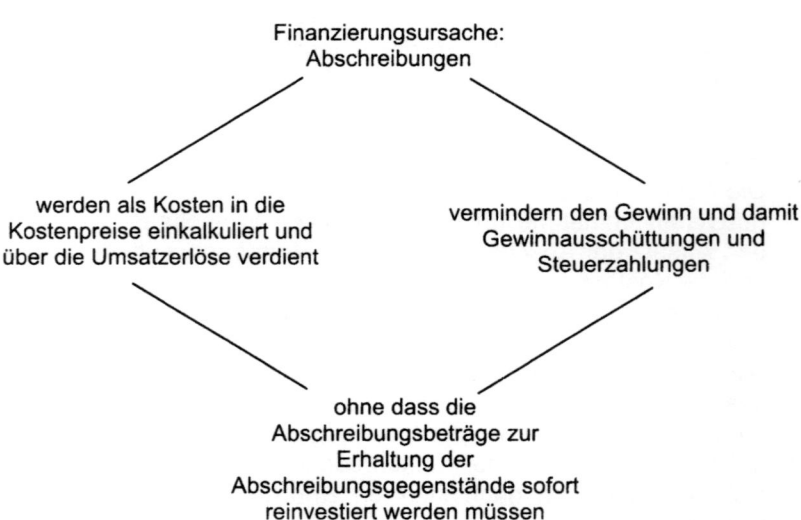

Abbildung 32: Abschreibung als Finanzierungsinstrument

---

[5] Dies ist jedoch im Einzelnen durch die Bundesländer im jeweiligen Kommunalabgabengesetz geregelt und deshalb sind unterschiedliche Verhältnisse anzutreffen.

Die Abschreibung als Wertverzehr

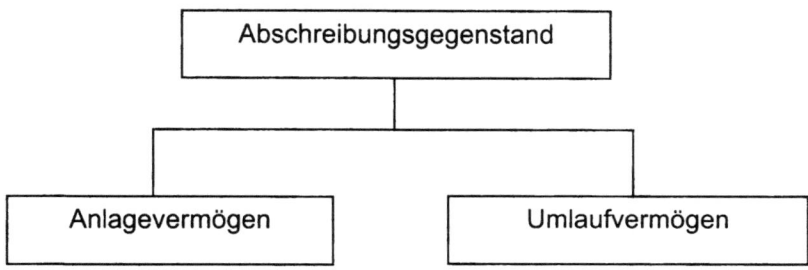

Abbildung 33: Abschreibungsgegenstand

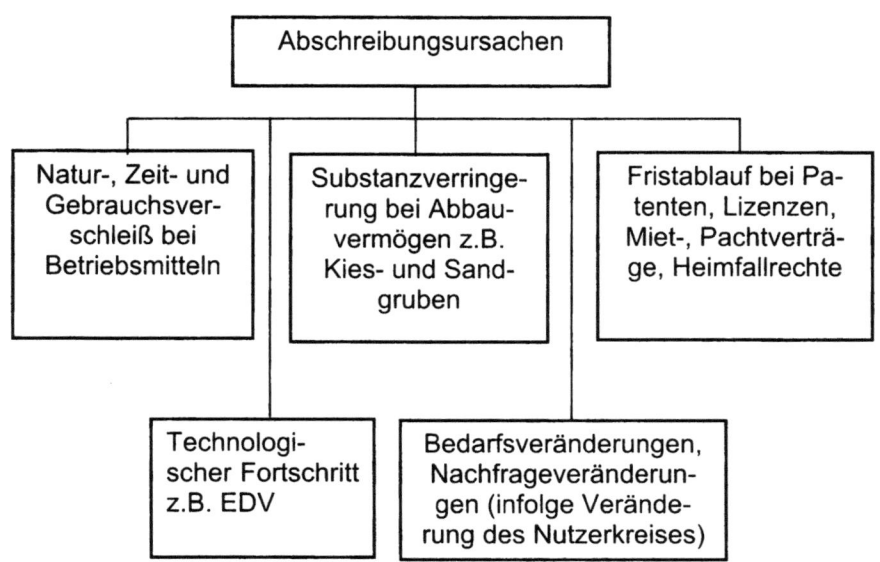

Abbildung 34: Abschreibungsursachen

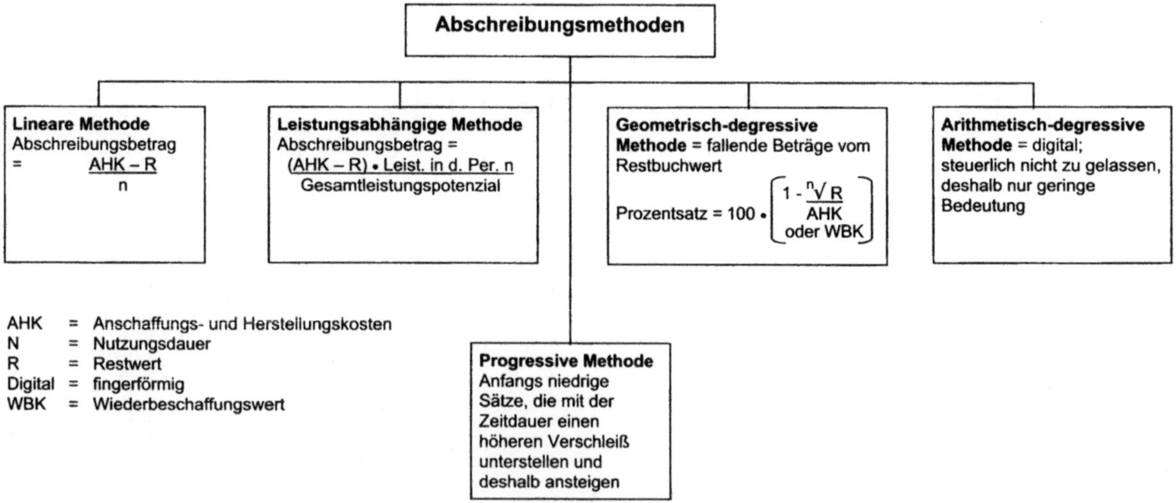

Abbildung 35: Abschreibungsmethoden

SYSTEME DER TRADITIONELLEN KOSTENRECHNUNG

Beispiel der unterschiedlichen Auswirkung:

Nut-zungs-jahre	AHK in €	Abschrei-bung p.a.	Σ der Wertbe-richtigung	Abschrei-bungsquote	Restbuch-wert
Lineare Abschreibungsmethode - Abschreibungsquote 5 %					
1	30.000	1.500	1.500	5%	28.500
2	28.500	1.500	3.000	5%	27.000
3	27.000	1.500	4.500	5%	25.500
4	25.500	1.500	6.000	5%	24.000
5	24.000	1.500	7.500	5%	22.500
Geometrisch-degressiv Abschreibungsmethode - Abschreibungssatz 20%					
1	30.000	6.000	6.000	20%	24.000
2	24.000	4.800	10.800	20%	19.200
3	19.200	3.840	14.640	20%	15.360
4	15.360	3.072	17.712	20%	12.288
5	12.288	2.458	20.170	20%	9.830
Abschreibung nach Leistungsverbrauch € 30.000 : 40.000 Maschinenstunden = 0,75 €/Maschinenstunde					
1	30.000	6.000	6.000	8.000 h	24.000
2	24.000	5.625	11.625	7.500 h	18.375
3	18.375	6.375	18.000	8.500 h	12.000
4	12.000	5.625	23.625	7.500 h	6.375
5	6.375	6.375	30.000	8.500 h	0

Abbildung 36: Auswirkung der unterschiedlichen Abschreibungsmethoden

Grafische Darstellung

a) Lineare Abschreibung

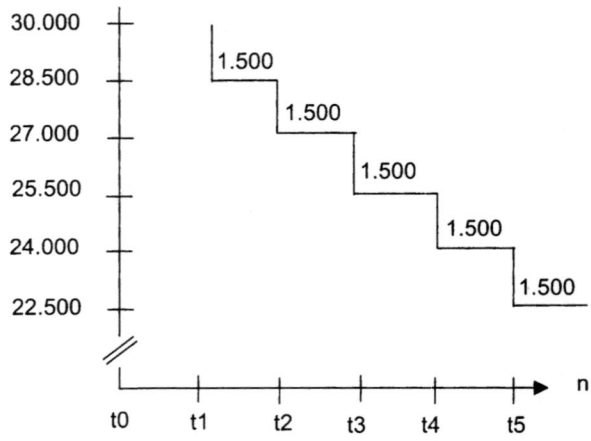

Abbildung 37: grafischer Verlauf der linearen Abschreibung

b) geometrisch-degressiv Abschreibung

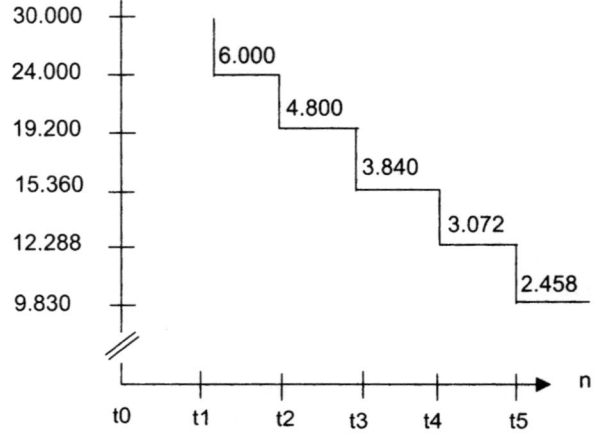

Abbildung 38: grafischer Verlauf der geometrisch-degressiven Abschreibung

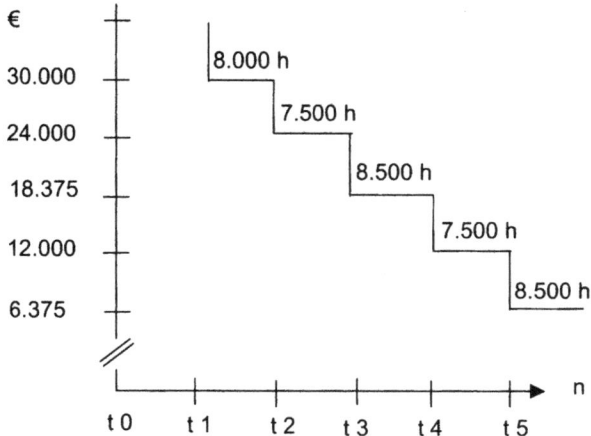

Abbildung 39: Abschreibung nach Leistungsverbrauch

Die Mischung der Abschreibung nach Leistungsverbrauch mit der linearen Methode ist eine weitere Möglichkeit.

Die kalkulatorischen Abschreibungen können voll fixen, voll proportionalen sowie gemischten Kostenarten entsprechen.

Für Vergleiche sind die kalkulatorischen Abschreibungen besser geeignet als die aufwandsorientierten Größen. Die Kontrolle der Planerfüllung durch Soll-Ist-Vergleiche geht von den Sollkosten aus, denen die Istkosten gegenübergestellt werden.

Die steuerlichen Abschreibungen entsprechen nicht in jedem Fall den Bedürfnissen der Verwaltung. Die Kommunale Gemeinschaftsstelle für Verwaltungsvereinfachung in Köln hat deshalb einen modifizierten Katalog erarbeitet.

Anhang 2: Abschreibungssätze nach KGSt-Bericht 1/1999

▣ Kalkulatorische Zinsen

Die kalkulatorischen Zinsen sind Anderskosten und Zusatzkosten zugleich.

Das dem Leistungsprozess dienende Anlagevermögen muss finanziert werden. Es ist deshalb zu prüfen, inwieweit das dem Betrieb zugeordnete Vermögen der Leistungserstellung wirklich dient. Daher wird nur auf betriebsbedingte Vermögen abgestellt, deshalb werden Zinsen nur auf das betriebsnotwendige Kapital in Ansatz gebracht.

Soweit Fremdkapital zur Finanzierung eingesetzt wurde, wird dieses in der Finanzbuchhaltung erfasst und im Jahresabschluss ausgewiesen, während in der Kostenrechnung unterschiedslos Zinsen für das betriebsnotwendigen Eigen- und Fremdkapital verrechnet werden. Der Einsatz von Eigenkapital wird darum in der Kostenrechnung als Zusatzkosten erfasst. Für das vom Eigentümer dem Betrieb zur Verfügung gestellte Eigenkapital entgeht diesem ein Zinsertrag, den er bei anderem Einsatz (z.B. Geldanlage) erhalten hätte. Deshalb spricht man auch von Opportunitätskosten. Die Kapitalkosten werden aufgrund eines subjektiven Zinssatzes ermittelt, der anhand der Relation von Eigen- und Fremdkapital angesetzt wird. Maßstab wäre der erzielbare Zinssatz auf dem Kapitalmarkt.

Das betriebsnotwendige Vermögen muss aus der Anlagekartei erfasst werden, weil die Bilanzpositionen auch Vermögensteile enthalten können, die nicht betriebsnotwendig sind. Ebenso entsprechen die einzelnen Bilanzpositionen nicht in jedem Fall den Werten, die für die Kostenrechnung geeignet sind (Abweichungen durch bilanzpolitische oder steuerliche Erwägungen).

Schema für die Ermittlung des betriebsnotwendigen Kapitals:

nichtabnutzbares Anlagevermögen	– z.B. Grundstücke
+ abnutzbares Anlagevermögen	– z.B. Gebäude, Leitungen
= betriebsnotwendiges Anlagevermögen	
+ betriebsnotwendiges Umlaufvermögen	– z.B. Wasservorrat,
= betriebsnotwendiges Vermögen	
- Abzugskapital	– z.B. Ertragszuschüsse, Investitionszuschüsse des Landes
= betriebsnotwendiges Kapital	

Beim nichtabnutzbaren Anlagevermögen werden die Werte angesetzt, die sich aus der Finanzbuchhaltung bzw. Anlagenbuchhaltung ergeben.

SYSTEME DER TRADITIONELLEN KOSTENRECHNUNG

Aktiva	Passiva	
betriebsnotwendiges Kapital	Eigenkapital	
	Fremdkapital	
durch Lieferantenkredit finanziertes Vermögen	Ertragszuschüsse	Abzugs-kapital
	Lieferantenverbindlichkeiten	
liquide Mittel aus Vorauszahlungen	Kundenvorauszahlungen	
	zinslose Darlehen	

Abbildung 40: Ableitung des betriebsnotwendigen Kapitals aus der Bilanz

Für das Abzugskapital entstehen dem Unternehmen keine direkten Zinsbelastungen, denn es wird dem Unternehmen zinslos überlassen. Inwieweit bereits in der jeweiligen Preiskalkulation (z.B. Lieferantenverbindlichkeiten) schon Zinsen einkalkuliert sind, kann von außen nicht erkannt werden. Deshalb ist die Frage des Abzugs in der Literatur umstritten, weil dadurch Finanzierungseinflüsse in die Kostenrechnung übertragen werden.

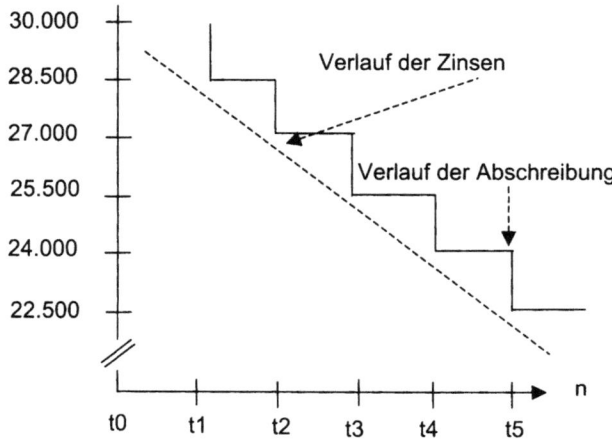

Abbildung 41: Verlauf der Zinsen in der Restwertmethode

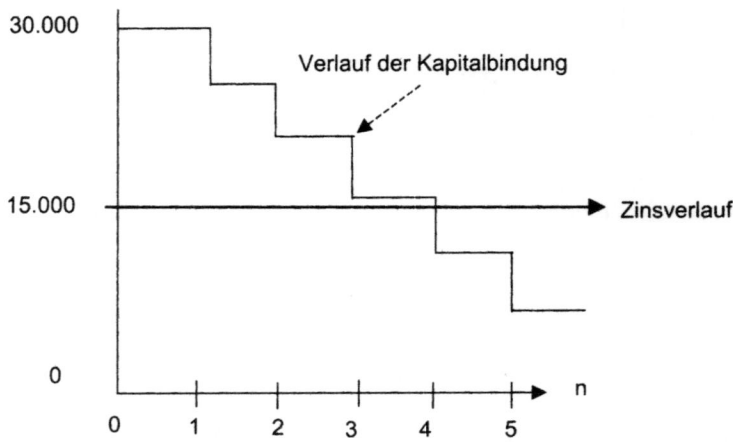

Abbildung 42: Verlauf der Durchschnittswertverzinsung

Die traditionelle Kostenrechnung geht von der Verzinsung des Durchschnittswertes aus. Dabei geht man vom halben Wert (bei abnutzbaren Wirtschaftgütern) der Anschaffungs- und Herstellungskosten aus. Dadurch ergibt sich eine gleich hohe Zinsbelastung für die einzelnen Perioden. Die ermittelten kalkulatorischen Zinsen der einzelnen Abrechnungsperioden entsprechen jedoch nicht der tatsächlichen Kapitalbindung. Wertpapiere und Finanzanlagen sind nicht mit einzubeziehen, weil sie selbständig Erträge erwirtschaften.

Beim Umlaufvermögen geht man von den Werten aus, die während der jeweiligen Rechnungsperiode durchschnittlich im Unternehmen gebunden sind. Dabei sind folgende Möglichkeiten der Ermittlung gegeben:

durchschnittlichgebundener Wert = $\dfrac{\text{Anfangsbestand + Endbestand}}{2}$

durchschnittlich gebundener Wert = $\dfrac{\text{Anfangsbestand + 12 Monatsbestände}}{13}$

Nun können die kalkulatorischen Zinsen berechnet werden:

Kalkulatorische Zinsen = betriebsnotwendiges Kapital • kalkulatorischer Zinssatz

Für die Verwaltungspraxis ist anzumerken:

a) Zinsen

Die Fremdkapitalzinsen sind pagatorischer Aufwand des Verwaltungshaushalts, die zentral über den Einzelplan 9 bezahlt werden. In den einzelnen Kostenstellen bzw. beim Kostenträger können deshalb nur kalkulatorische Zinsen als Anders- bzw. Zusatzkosten angesetzt werden.

b) Abzugskapital

Abzugskapital sind Kapitalanteile, die bei der Ermittlung von Abschreibungen und kalkulatorischen Zinsen gesondert zu behandeln sind. Zu unterscheiden ist zwischen Kapital- und Ertragszuschüssen. Bei Kapitalzuschüssen bleibt das Abzugskapital stets gleich, weil sie im Gegensatz zu passivierten Ertragszuschüssen nicht aufgelöst werden. Ertragszuschüsse sind Beiträge, Zuweisungen und Zuschüsse Dritter, die passiviert und jährlich mit einen durchschnittlichen Abschreibungssatz aufgelöst werden. Zu diesem nicht verzinsbaren Kapital gehören öffentlich-rechtliche Baukostenbeiträge (z.B. Erschließungsbeiträge), Folgekostenbeiträge, Zuweisungen und Zuschüsse Dritter und Spenden für Investitionen.

Die Kostenrechnungen der Kommunen gehen tendenziell von der Restwertmethode aus[6].

▣ Durchschnitts- und Restwertverzinsung

In der Durchschnittsverzinsung wird das im „Durchschnitt gebundene Kapital" entsprechend der geschätzten oder geplanten Nutzungsdauer verzinst. Dies ist ein einfaches und wirtschaftliches Rechenverfahren, das die Planungsperioden konstant belastet. Als Nachteil ist jedoch festzuhalten, dass die Durchschnittverzinsung mit der wirklichen Kapitalbindung nicht übereinstimmt. Dagegen verhält sich die Restwerterechnung proportional zur tatsächlichen Kapitalbindung.

Beispiel

Berechnung des betriebsnotwendigen Kapitals und der kalk. Verzinsung am Beispiel des folgenden Bilanzauszuges einer Gesellschaft für Wasserversorgung. Der kalk. Zinssatz beträgt 6,5%. Soweit nichts anderes angegeben ist, sind die Werte der Schlussbilanz zum 31.12.XX entnommen.

AW = kalkulatorische Ausgangswerte ; DW = Jahresdurchschnittswerte

---

[6] Die Kommunalabgabengesetze sind hier nicht einheitlich

Aktiva	€ betriebsnotwendiges Kapital €
I. Anlagevermögen	
II. Sachanlagen	
A. Grundstücke, grundstücksgleiche Rechte und Bauten einschl. der Bauten auf fremden Grundstücken	
1. Grundstücke und grundstücksgleiche Rechte mit Geschäfts- und Betriebsbauten	3.900.000
2. Grundstücke und grundstücksgleiche Rechte mit Wohnbauten	250.000
3. Grundstücke und grundstücksgleiche Rechte ohne Bauten	50.000
B. Technische Anlagen und Maschinen	
1. Erzeugungs-, Gewinnungs- und Bezugsanlagen (AW)	2.200.000
2. Verteilungsanlagen (AW)	25.000.000
3. Maschinen und masch. Anlagen, die nicht zu Nr. 1 und 2 gehören (AW)	1.200.000
C. Andere Anlagen Betriebs- und Geschäftsausstattung (AW)	250.000
D. Geleistete Anzahlungen und Anlagen im Bau	600.000
III. Finanzanlagen	
1. Beteiligungen	20.000
2. Wertpapiere des Anlagevermögens	50.000
3. Sonstige Ausleihungen	70.000
D. Umlaufvermögen	
I. Vorräte	
1. Roh-, Hilfs- und Betriebsstoffe (DW)	90.000
2. Geleistete Anzahlungen (DW)	10.000
II. Forderungen und sonstige Vermögensgegenstände	
1. Forderungen aus Lieferungen und Leistungen (DW)	400.000
2. Sonstige Vermögensgegenstände (DW)	100.000
III. Schecks, Kassenbestand, Guthaben bei Kreditinstituten	
1. Kassenbestand (DW)	10.000
2. Guthaben bei Kreditinstituten (DW)	550.000
E. Rechnungsabgrenzungsposten	75.000
Gesamtsumme	34.825.000

Anmerkungen zum Anlagevermögen
C IIA 1 Grundstücke mit einem Bilanzwert von € 900.000 und Geschäfts- und Betriebsbauten mit einem kalk. Ausgangswert von € 5.000.000
C IIA 2 an „Nicht-Betriebsangehörige" vermietet
C IIA 3 noch nicht betrieblich genutzte „Vorratsgrundstücke"
C III 1 zwei Beteiligungen an Zweckverbänden zur Wasserversorgung
C III 2 7,5 %ige Kommunalobligationen der Landesbank
C III 3 ein hypothekarisch gesichertes Darlehen an einen Mitarbeiter. Da als freiwillige Sozialleistung üblich, ist es als betriebsbedingt ansetzen.
Anmerkungen zu den Rechnungsabgrenzungsposten
Da die RAP jeweils zum Jahresende berechnet werden, liegt kein Jahresdurchschnittswert vor; der Wert der RAP betrug zum Vorjahresende € 40.000,--

Abbildung 43: Bilanzschema zur Ermittlung des betriebsnotwendigen Kapitals

▣ Kalkulatorische Wagnisse

Die betriebliche Tätigkeit im privaten Sektor ist mit Risiken behaftet. Die Risiken in der öffentlichen Verwaltung sind erheblich geringer, weil ein Teil der Erlöse auf einer Rechtsgrundlage beruht, die eine Bevorrechtigung im Insolvenzfall hervorruft. Insoweit sind Wagniskosten in der öffentlichen Verwaltung nicht der Regelfall. Sie sind z.B. Bestandteil der Mietkalkulation nach II. Berechnungsverordnung[7] zum II. Wohnungsbaugesetz. Ein gewisser Teil der Wagnisse kann versichert werden, wie z.B. Feuerrisiken, Wasserschäden, Sturmschäden. Ein anderer Teil ist nicht versicherbar. Diese sind die kalkulatorischen Wagnisse, die in der Kostenrechnung zu berücksichtigen sind. Dem Ansatz liegt eine Durchschnittsbetrachtung zu Grunde. Damit wird eine Glättung des unregelmäßig anfallenden Zwangsverzehrs bzw. unproduktiven Verzehrs über mehrere Abrechnungsperioden erreicht. Zu den Einzelwagnissen gehören u.a.

- Schwund
- Fehleinschätzung der Nutzungszeit
- Forderungsausfälle – z.B. durch Insolvenz
- Kursverluste.

▣ Kalkulatorischer Unternehmerlohn und kalkulatorische Mieten

Der kalkulatorische Unternehmerlohn fällt in der öffentlichen Verwaltung als Kostenbestandteil nicht an.

Kalkulatorische Mieten können nur angesetzt werden, soweit keine Abschreibungen und kalkulatorische Zinsen in der Kostenrechnung für die Gebührenermittlung angesetzt werden. Es wird davon ausgegangen, dass dies nur für eine kurze Übergangszeit der Fall sein wird. Nach Einführung einer flächendeckenden Kostenrechnung, werden Abschreibungen und kalkulatorische Zinsen zwangsläufig einfließen und damit die Grundlage für die kalkulatorischen Mieten entfallen.

4.2 Kostenstellenrechnung

Die Gliederung des kameralen Haushaltes nach Einzelplänen, Abschnitten und Unterabschnitten (Kapitel und Titel nach LHO) erfolgt nach der Aufgabenstellung der jeweiligen Kommune bzw. der Landesbehörden

---

[7] Vgl. 29 II. BV, BGBl. I 1990 S. 2178, i. d .F. v. 23.07.1996, BGBl. I 1996 S. 1167

und ist daher unterschiedlich. Die Systematik orientiert sich einerseits an der Aufgabenfunktion und andererseits am Nachweis der Verwendung bzw. des Einsatzes von öffentlichen Mitteln. Abschnitte und Unterabschnitte sind deshalb häufig keine Kostenstellen im Sinne des betriebswirtschaftlichen Rechnungswesens. Die Aufgabenstellung der Kommunen entspricht nicht derjenigen der Unternehmen. Die Rechnungsziele der Unternehmen sind auf Kostenplanung, Steuerung von Entscheidungen, Prozessen und Handlungen, die Verteilung der Kosten auf Kostenträger sowie die Bewertung von Halb- und Fertigerzeugnissen orientiert, während die Kostenstellenrechnung der Kommunen unterschiedlich stark auf die Erreichung der einzelnen Zwecke ausgerichtet ist.

Ein Teil der Pflichtaufgaben ist unabhängig von der Größe identisch (z.B. Standesamt, Einwohnermeldeamt). Die Produkte können dann einheitlich definiert werden. Die Systematik der Haushaltsstellen bilden noch keine Kostenstellen ab. Deshalb muss solange die doppische Buchführung nicht eingeführt ist entweder über eine besondere Schnittstelle in der EDV oder über eine manuelle Handhabung die Kostenstellenrechnung durchgeführt werden. Durch den Produkthaushalt wird dies wesentlich erleichtert.

> Kostenstellen sind abgegrenzte Abrechnungsbezirke der Verwaltung bzw. Orte der Kostenentstehung, denen aus der Kostenartenrechnung die einzelnen Kostenarten zugeordnet werden, die dem Kostenträger nicht direkt zugeordnet werden können.

Die Kostenstellenrechnung ist ein Bindeglied zwischen Kostenartenrechnung und Kostenträgerrechnung. Ihre Aufgabe ist es die in der Kostenstelle entstehenden Kosten über geeignete Maßgrößen nach den Belastungen der Stellen durch den Kostenträger auf diese zu verteilen.

Eine funktionsorientierte (prozessorientierte) Kostenstellenbildung bringt mehr Transparenz bei der Leistungserbringung. In einem Baubetriebshof wäre eine Unterteilung in Maler, Schlosser etc. denkbar.

Systeme der traditionellen Kostenrechnung

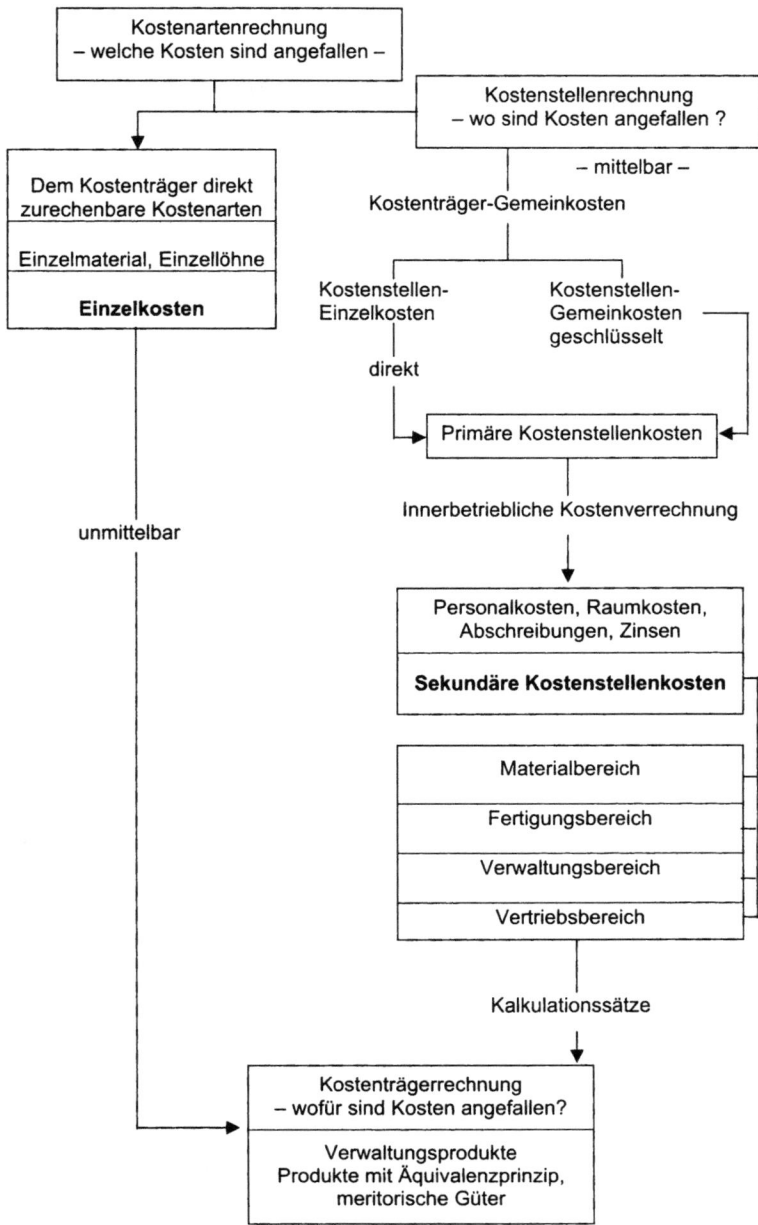

Abbildung 44: Kostenstellenrechnung als Bindeglied

▣ Bildung von Kostenstellen

Die einzelnen Abrechnungsbezirke müssen in eine Kostenstellenhierarchie eingebunden sein. Die Kostenstellenhierarchie orientiert sich dabei zweckmäßiger Weise an der Produkthierarchie der Verwaltung. Sie könnte zum Beispiel so gestaltet werden:

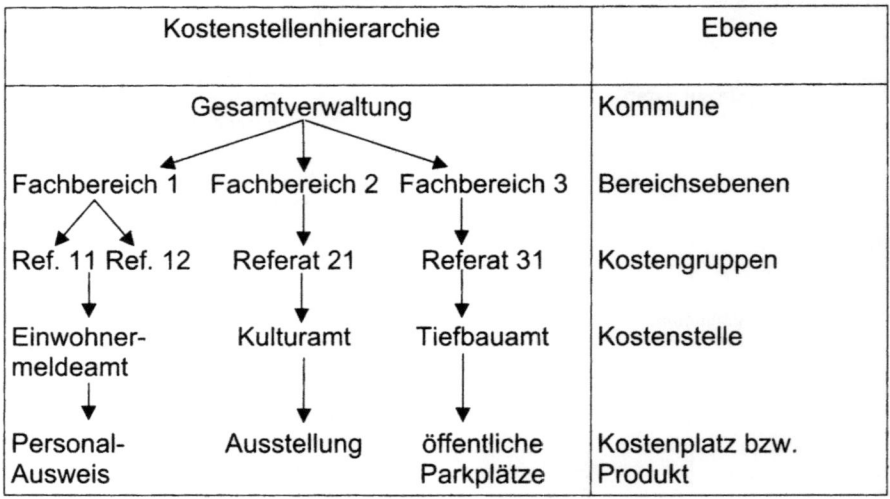

Abbildung 45: Kostenstellenhierarchie

▣ Grundsätze für die Bildung von Kostenstellen

- Es müssen selbständige Verantwortungsbereich sein. Kostenkontrolle und -verantwortung gehören zusammen.
- Für jede Kostenstelle müssen sinnvolle Bezugsgrößen – Kostenschlüssel bestimmt werden, die die Maßgröße der Kostenverursachung der Gemeinkosten darstellen.
- Für die Bildung von Kostenstellen gilt das Wirtschaftlichkeitsprinzip. Eine zu große Differenzierung erhöht den Arbeitsaufwand zur Ermittlung der Kosten.

▣ Aufgaben der Kostenstellenrechnung
- Verteilung der Kostenarten auf Kostenstellen
- Umlage von Kostenstellenkosten auf andere Kostenstellen (innerbetriebliche Leistungsverrechnung)
- Ermittlung von Zuschlagssätzen für die Kostenträgerrechnung
- Ermittlung von Soll-Ist-Abweichung zur Wirtschaftlichkeitskontrolle

▣ Kriterien der Kostenstellenbildung
- räumliche Abgrenzung (Platzrechnung)
- funktionelle Abgrenzung
- rechentechnische Abgrenzung
- organisatorische Abgrenzung

▣ Kennzeichnung der Kostenstellen
- kleinste kostenrechnerische Einheit im Betrieb / in der Verwaltung, die selbständig abgerechnet wird
- Bereich innerhalb des Betriebs/der Verwaltung, in dem
  - die Kosten verursacht werden (Wirtschaftlichkeitskontrolle)
  - die Leistungen bei unterschiedlicher Inanspruchnahme durch die Leistungsarten entstanden sind.

▣ Öffentliche Verwaltung
Für den kommunalen Bereich ist auf § 12 Abs. 2 GemHVO Bad.-Württ. hinzuweisen. Danach ist die Grundlage für die Kostenstellenrechnung der Haushaltsgliederungsplan. Dies hat Nachteile, denn der Haushaltsgliederungsplan ist in erster Linie ein Funktionenplan und berücksichtigt nur zum Teil die Organisationsstruktur der Verwaltung. Im Bereich des Landes kommt dem Landeshaushalt gleichfalls die Funktion zu, hat jedoch den Vorteil, dass er mit der Aufgabengliederung identisch ist.

▣ Arten der Kostenstellen
1. nach den betrieblichen Funktionen

   Allgemeine Kostenstellen
   erbringen Leistungen für sämtliche Bereiche des Unternehmens
   - Materialkostenstellen

- Fertigungskostenstellen
- Vertriebskostenstellen
- Verwaltungskostenstellen

Die Unterscheidung der Kostenstellen kann aus verschiedener Sicht erfolgen. Der Leistungsprozess in der Verwaltung erzeugt (produziert) in der Regel heterogene Produkte. Daran sind oftmals mehrere Verwaltungseinheiten beteiligt. Je nach ihrer Beteiligung erbringen sie ihre Leistungen in

- Hauptkostenstellen,
- Nebenkostenstellen und
- Hilfskostenstellen,

deshalb die Unterscheidung

2. nach dem Zusammenhang mit der Leistungserstellung

- Hauptkostenstellen
  unmittelbare Beteiligung an der Hauptleistung: Fertigung, Material, Verwaltung, Vertrieb.

In den Hauptkostenstellen wird der eigentliche Leistungsprozess durchgeführt. Sie wirken unmittelbar an der Herstellung der Verwaltungsleistung mit (Bsp.: Fachabteilungen in der Behörde, Krankenstationen im Krankenhaus, Schlachthallen im Schlachthof, Ämter in Kommunalverwaltungen).

- Nebenkostenstellen
  unmittelbare Mitwirkung an der Herstellung absatzfähiger Nebenprodukte (Nebenleistung)

Oft als Nebeneinrichtungen und vermietete Anlagen bezeichnet, rechnen sie Leistungen ab, die eher als Nebenerzeugnisse bei der Lösung der jeweiligen Hauptaufgabe entstehen. Sie spielen gewöhnlich eine nur untergeordnete Rolle (Bsp.: Freibank im Vieh- und Schlachthof, Ärzte- und Schwesternwohnungen im Krankenhauswesen, Hausmeisterwohnung im Schulhaus, Kiosk im Freibad).

- Hilfskostenstellen
  haben keine unmittelbare Beteiligung an der Leistungserstellung

Zu den Hilfskostenstellen – die dem Grunde nach wiederum unterteilbar in Allgemeine Kostenstellen und andere Hilfskostenstellen sind – gehören diejenigen Kostenstellen, die zwar nicht unmittelbar in den eigentlichen Leistungsprozess eingeschaltet sind, jedoch für den Bedarf anderer, mehrerer oder sämtlicher Kostenstellen verwaltungs- bzw. betriebsinterne Servicefunktionen erbringen (wie z.B. Apotheke im Krankenhaus, Fuhrpark, Innerer Dienst, Haushalts- und Personalreferat, Kantine, Reparaturwerkstatt, Telefonzentrale). Sie sind häufig für die Planung und Steuerung der Verwaltung tätig. Die Kosten dieser Stellen werden durch innerbetriebliche Leistungsverrechnung auf die restlichen Kostenstellen verteilt, und insoweit den Kostenträgern lediglich indirekt angelastet.

3. nach der Verrechnungstechnik
- Vorkostenstellen
  Umlage der Kosten auf Vor- oder Endkostenstellen
- Endkostenstellen
  Umlage der Kosten unmittelbar auf die Kostenträger.

Die Kosten von Vorkostenstellen werden im Rahmen der Kostenstellenrechnung auf andere Vor- und Endkostenstellen umgelegt. Die Kosten der Endkostenstellen werden in der Vollkostenrechnung auf die Kostenträger insgesamt und in der Teilkostenrechnung zu Teilen auf die Kostenträger verteilt. Die Verwaltungspraxis fasst häufig Haupt- und Nebenkostenstellen unter dem Begriff Endkostenstellen zusammen, da sie ihre gesamten Periodenkosten unmittelbar an die Kostenträger weitergeben. In den Endkostenstellen werden betriebliche Leistungen erbracht.

Hilfskostenstellen sind dann folgerichtig Vorkostenstellen, sie verteilen ihre Kosten durch geeignete Verfahren/Schlüssel auf die verbleibenden Kostenstellen. Um es genauer auszudrücken: Die aufgelaufenen Periodenkosten der allgemeinen Kostenstellen auf alle übrigen Kostenstellen, die der anderen Hilfskostenstellen auf die ihnen nachgelagerten Haupt- und Nebenkostenstellen. Sie erbringen ohne Ausnahme verwaltungsinterne Leistungen unterschiedlichen Umfangs für eine oder mehrere Endkostenstellen (Bsp.: Personalverwaltung wird für Vor- und Endkostenstellen tätig.)

Gestaltung von Kostenstellen

Auszug aus einer Kostenstellenstandardhierarchie, die im Entwurf gebildet wurde für die im Aufbau befindliche Kostenrechnung einer Kommune.

4. Ebene:	Fachbereich NN
5. Ebene – :	Referate

Knotenpunkt

   Referat 51 Schule/Sport/Bürgerangebote

   Vorkostenstellen 1100. 2000 Referatsleitung und allg. Verwaltung
                               3000. 2000 Allgemeine Schulverwaltung

Kostenstellen	3110. 2100 Grund- und Hauptschulen
	3111. 2100 ....Grundschule
	↓
	3155. 2100 ....Hauptschule

   Referat 53 Kindertagesstätten

   Vorkostenstellen   1100. 4640 Referatsleitung und allg. Verwaltung
                            1200.4640 Verwaltung der Kindertages-
                                       einrichtungen

Kostenstellen 3010. 4640 Kindergarten .....Str.
                    3020. 4640 Kindergarten Rappelkiste
                         ↓
                    3100. 4641 Kinderhaus NN
                    3200. 4641 Kinderhaus NN

Anhang 3: Kostenstellenplan eines Kreiskrankenhauses

Sollen Kostenstellen zusammengefasst werden?
In einer Verwaltung werden mehrere Produkte/Leistungen in zwei Bereichen gefertigt. Es gelten folgende Daten:

SYSTEME DER TRADITIONELLEN KOSTENRECHNUNG 65

	Hausdruckerei	Zentrale Kopierstelle
Kosten	€ 19 200/Monat	€ 9 600/Monat
Bezugsgröße	h/Monat	h/Monate
Beschäftigung	1 600 h/Monat	400 h/Monate
Kostensatz	€ 12,--/h	€ 24,--/h
Gesamtkosten	€ 28 800	
Gesamtstunden	2 000 h	
Durchschnittskostensatz	€ 14,40/h	

Abbildung 46 : Kostenstellenüberlegungen

Sollen die beiden Bereiche zu einer Kostenstelle zusammengefasst werden? Welche Überlegungen hat die Verwaltung anzustellen?

◘ **Technik der Kostenstellen**

- kontenmäßige Kostenstellenrechnung

Kontenklassen 4/5 des Gemeinschaftskontenrahmens (Einkreissystem); im Industrie-Kontenrahmen lediglich Klasse 9 für Kosten- und Leistungsrechnung (Zweikreissystem)

– Tabellarische Kostenstellenrechnung

– Betriebsabrechnungsbogen

– Mathematische Kostenstellenrechnung

– Gleichungssystem, insbes. bei EDV-Einsatz

Für die öffentliche Verwaltung ist aufgrund der unterschiedlichen Aufgabenstellung ein gemeinsamer Kontenrahmen zur Bildung von Kostenstellen schwierig. Die Industriekontenrahmen können nur in Ausnahmefällen und dann nur in Transformation zum öffentlichen Rechnungswesen übernommen werden.

▣ Kostenschlüssel

Für die Verteilung der Kosten müssen geeignete Maßgrößen (Schlüssel) gefunden werden. Die Zahl und die Art der Kostenschlüssel ist abhängig davon, nach welchen Prinzipien die Kostenverteilung vorgenommen werden soll. Ein proportionaler Schlüssel macht eine verursachungsgerechte Zurechnung möglich. Zwischen der Bezugs- und Schlüsselgröße und der Kosteneinflussgröße ist eine proportionale Beziehung erforderlich, die dann für die Höhe der zu verteilenden Kosten bestimmend ist. Als Bezugsgrößen können sowohl Mengen- als auch Wertmaßstäbe verwendet werden.

Kostenschlüssel für die Kostenverteilung bzw. -zurechnung	
Mengenschlüssel	*Wertschlüssel*
Zählgrößen (z.B. Zahl der Buchungen, Stückzahl, Kopfzahl)	**Kostengrößen** (Fertigungsmaterial, Fertigungskosten, Herstellkosten, Selbstkosten)
Zeitgrößen (z.B. Kalenderzeit, Maschinenstunden, Meisterstunden etc.)	**Einstandsgrößen** (Wareneingangswert, Lagerzugangswert)
Raumgrößen (z.B. Fläche, Rauminhalt)	**Absatzgrößen** (z.B. Warenumsatz)
Gewichtsgrößen (z.B. Einsatzgewichte, Transportgewichte)	**Bestandsgrößen** (z.B. Lagerbestand, Anlagenbestandswert, Vermögenswerte)
Technische Maßgrößen (z.B. kwh, m³, km, etc.)	**Verrechnungsgrößen** (z.B. Verrechnungspreise)

Abbildung 47: Tabelle möglicher Kostenschlüssel

Mengenschlüssel sind als Verrechnungsgrundlage unabhängig von Preisentwicklungen. Sie haben den Vorteil, dass sie eine technisch messbare Proportionalität wiedergeben.

Soweit eine Proportionalität feststellbar ist, kann die Verteilung anhand einer Bezugsgröße durch einfache Divisionsrechnung erfolgen:

Gesamtkosten: Bezugsgröße = Kostensatz pro Einheit
(Leistungseinheit)

Ein Verteilungsproblem besteht auch darin, dass die Kostenträgergemeinkosten, die nicht als Kostenstelleneinzelkosten erfasst werden können, weder den Vor- bzw. Endkostenstellen zugeordnet werden können. Dies trifft beispielsweise für die Kostenarten Strom und Heizkosten, Urlaubslöhne, Mieten, Versicherungen, Gewerbesteuer und kalkulatorische Kosten zu. Um diesem Problem der nicht verursachungsgerechten Verteilung zu begegnen, wird die Teilkostenrechnung als Alternative zu erwägen sein. Dort wird ein Teil der Kosten auf Kostenstellen und Kostenträger verrechnet.

▣ Betriebsabrechnungsbogen

Zur Durchführung der Kostenstellenrechnung auf Vollkostenbasis wird in der Praxis sehr häufig der Betriebsabrechnungsbogen (BAB) eingesetzt. Er wird in der Regel per EDV erstellt.

Aufbau

Formal ist der BAB eine in Zeilen und Spalten übersichtlich gegliederte Tabelle (siehe Abbildung 48), die je nach praktiziertem Kostenrechnungssystem in inhaltlich verschiedenen Ausgestaltungen existiert. In horizontaler Richtung enthalten die Spalten die Kostenstellen, während in vertikaler Richtung die Kostenarten dargestellt werden.

Arbeitsschritte

Der erste Arbeitsschritt im BAB besteht in der Verteilung der aus der Kostenartenrechnung stammenden differenzierten Gemeinkosten. Danach werden die Gemeinkosten für jede Stelle addiert. Die daraus resultierenden Zwischensummen sind die primären Kosten der einzelnen Kostenstellen.

Im nächsten Schritt erfolgt die Abrechnung in der Weise, dass zuerst die Kosten der Allgemeinen Kostenstellen auf diejenigen Stellen verteilt werden, die von ihnen Leistungen empfangen haben. Sodann müssen die anderen Hilfskostenstellen (z.B. Fertigungshilfsstellen) ihre Kosten verursachungsgemäß auf die in Anspruch genommenen Hauptkostenstellen verteilen. Dadurch sind die Hilfskostenstellen (hier: Allgemeine Kostenstelle und Fertigungshilfsstelle) entlastet, die Haupt- und Nebenkostenstellen mit den gesamten Gemeinkosten der Periode belastet. Die sich nach Abwicklung der innerbetrieblichen Leistungsverrechnung als Endsummen ergebenden Kosten heißen sekundäre Kosten.

68 SYSTEME DER TRADITIONELLEN KOSTENRECHNUNG

Kostenarten	Gesamtbetrag	Vorkostenstellen		Endkostenstellen					Nebenkostenstellen	
		Hilfskostenstellen		Hauptkostenstellen						
		Allgem. Hilfskostenstellen	Fertigungshilfsstellen	Fertigungshauptstellen - Ordnungsamt					Verwaltung	Vertrieb
				Reisepass	Personalausweis	Lohnsteuerkarte	etc.			
1. Stufe Einzelkosten										
Gemeinkosten		Σ								
Summe Primäre Kosten	Σ		Σ	Σ	Σ	Σ	Σ		Σ	Σ
2. Stufe Stellenumlage										
Gemeinkosten	0	0	0	Σ	Σ	Σ	Σ		0	0
Bezugsbasis				Bildung von Gemeinkostenzuschlagssätzen zur Weiterverrechnung der Gemeinkosten auf die Kostenträger						
Zuschlagssatz										

Abbildung 48: Grundschema eines einstufigen Betriebsabrechnungsbogens

Der dritte und letzte Arbeitsschritt dient der Vorbereitung der Kostenträgerrechnung, insbesondere der Zuschlagskalkulation. Dazu sind für jede Endkostenstelle Gemeinkostenzuschlagssätze zu bilden, nach denen die Stellenkosten auf die Kostenträger weiterverrechnet werden können.

Bei diesem Vorgang wird im Interesse einer möglichst präzisen Kostenverursachung davon ausgegangen, dass zwischen Gemeinkosten und Bezugsgrößen, d.h. Zuschlagsbasen sowie den Zuschlagsbasen und Kostenträgern annähernd eindeutige Proportionalitäten, weithin direkte Verbindungen feststellbar sind. Bezugsgrößen sind für den Bereich der Fertigung herkömmlich vielfach die Fertigungslöhne, für den Materialbereich das Fertigungsmaterial und für den Verwaltungs- und Vertriebsbereich die Herstellkosten. Die Quotienten aus den betreffenden Gemeinkosten und den ausgewählten Zuschlagsbasen ergeben den zur Weiterverrechnung benötigten Kalkulationssatz.

Weicht man vom streng traditionellen Sinn der Kostenrechnung ab, so kann mit dem BAB eine durchaus wirkungsvolle, in der Praxis häufig vorgenommene Form der Überwachung des Kosten- und Leistungsgebarens (Wirtschaftlichkeitskontrolle) durchgeführt werden. Zu diesem Zweck sind neben den tatsächlich entstandenen Kosten und Leistungen (Istgrößen) die unter bestimmten Umständen vorausgeplanten Kosten und Leistungen (Sollgrößen) zu erfassen und für jede Kostenstelle miteinander zu vergleichen. Analoges gilt für die Ermittlung der Verrechnungssätze.

Bildung von Zuschlagssätzen für die Kalkulation

Der Betriebsabrechnungsbogen bildet häufig die Grundlage für die Ermittlung von Gemeinkostenzuschlägen. Nach Feststellung der Gemeinkosten für die einzelnen Kostenstellen muss das Produkt entsprechend der Inanspruchnahme einen gewissen Anteil der auf die Kostenstellen verrechneten Gemeinkosten übernehmen. Diese Inanspruchnahme wird durch Bezugsgrößen (Materialeinzelkosten, Fertigungseinzelkosten, etc.) bestimmt. Der Zuschlagssatz wird durch eine allgemeine Formel ermittelt

$$\text{Gemeinkostenzuschlagssatz} = \frac{\text{Gemeinkosten} \cdot 100}{\text{Bezugsgröße}}$$

Für den Materialbereich sind Bezugsbasis die Materialkosten. Es gilt der Zuschlagssatz

$$\text{Materialgemeinkostenzuschlagssatz} = \frac{\text{Materialgemeinkosten (MGK)} \cdot 100}{\text{Materialkosten (MK)}}$$

Im Fertigungsbereich gilt die Bezugsgröße des Fertigungslohns, deshalb

▸ Fertigungsgemeinkostenzuschlagssatz = $\dfrac{\text{Fertigungsgemeinkosten (FGK)} \cdot 100}{\text{Fertigungskosten (FL)}}$

Die Bezugsgröße für die Gemeinkostenzuschläge der Verwaltungs- und Vertriebskosten sind die Herstellkosten

▸ Verwaltungsgemeinkostenzuschlag = $\dfrac{\text{Verwaltungsgemeinkosten (Verw.-GK)} \cdot 100}{\text{Herstellkosten (HK)}}$

▸ Vertriebsgemeinkostenzuschlag = $\dfrac{\text{Vertriebsgemeinkosten (Vertr.-GK)} \cdot 100}{\text{Herstellkosten}}$

Die Kostenstellenrechnung wird damit mit der Kostenträgerrechnung verbunden :

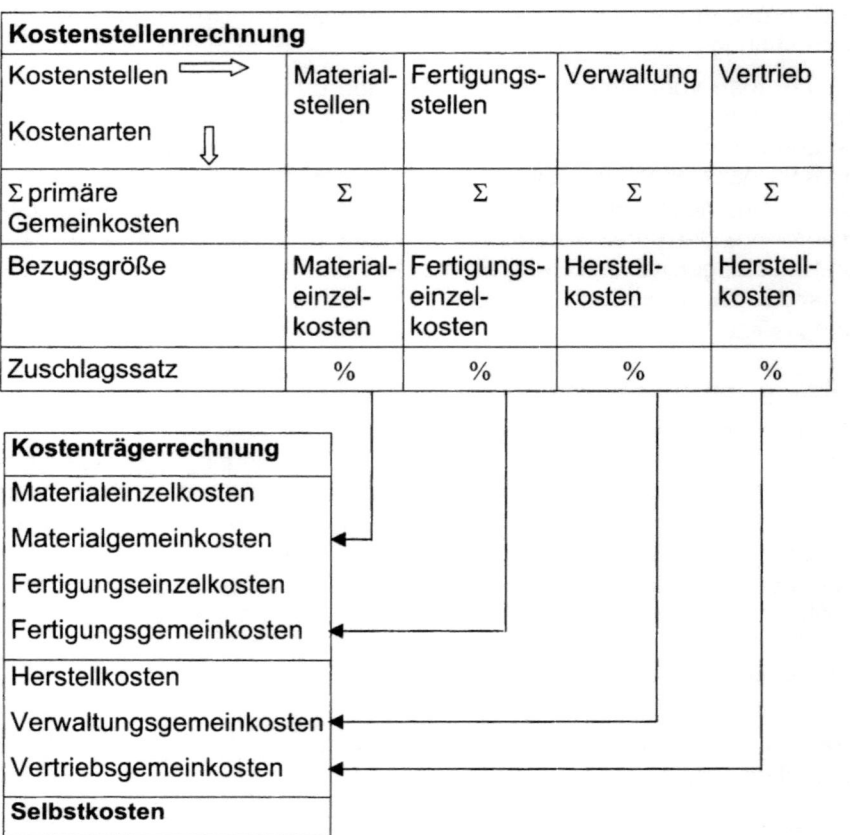

Abbildung 49: Zusammenhang zwischen BAB und Vollkostenrechnung

Beispiel BAB und Ermittlung von Zuschlagssätzen

In einem Baubetriebshof einer Kommune sind im Monat Juni folgende Kosten angefallen:

Fertigungsmaterial (Einzelkosten)	360.000 €
Gemeinkostenmaterial	20.000 €
Fertigungslöhne (Einzelkosten)	70.000 €
Hilfslöhne	35.000 €
Gehälter	50.000 €
Raumkosten	30.000 €
Energiekosten	40.000 €
Instandhaltung	8.000 €
Kalkulatorische Abschreibung	30.000 €
kalkulatorische Zinsen	25.000 €

Für die Verteilung der Gemeinkosten auf die Kostenstellen wurden folgende Verteilungsgrundlagen gewählt:

Kostenstellen ⇒ Kostenarten ⇩	Summe	Verteilungsgrundlage	Materialstelle	Fertigungsstelle	Verwaltung	Vertrieb
Gemeinkostenmaterial	20.000	Materialentnahmescheine	2.500	10.000	5.000	2.500
Hilfslöhne	35.000	Lohnscheine	5.000	27.500	--	2.500
Gehälter	50.000	Gehaltslisten	10.000	15.000	20.000	5.000
Raumkosten	50.000	m²	:200	:600	:100	:100
Energiekosten	40.000	Schlüssel	:2	:3	:4	:1
Instandhaltungskosten	8.000	Schlüssel	:1	:5	:1	:1
Abschreibungen	30.000	Schlüssel	:2	:8	:1	:1
Zinsen	25.000	Schlüssel	:2	:12	:3	:3
Σ Gemeinkosten	238.000					

Abbildung 50: einstufiger BAB zur Bildung von Zuschlagssätzen

a) Nehmen Sie die Verteilung der Gemeinkosten auf die Kostenstellen vor.
b) Die Betriebsleitung hat für den Monat Juni einen Umsatz von 750.000 € ermittelt. Bestandsveränderungen sind nicht entstanden. Ermitteln Sie
- die Selbstkosten,
- die Gemeinkostenzuschlagssätze,
- das Betriebsergebnis für den Monat Juni.

Die ermittelten Gemeinkostenzuschläge stellen die Grundlage für die Vorkalkulation für die Preise der nächsten Abrechnungsperiode dar (Plankosten). Je nach Ergebnis der Abrechnungsperiode ergeben sich dann Über- bzw. Unterdeckungen.

Beispiel

Am Ende der nächsten Abrechnungsperiode sind aus den Rechnungsunterlagen des Betriebshofes folgende Daten festgestellt worden

Materialeinzelkosten	380. 000 €
Fertigungslöhne	72. 000 €
Verwaltungskosten	36. 750 €
Vertrieb	25. 000 €

Wie hoch sind die Herstellkosten und wie hoch sind die Selbstkosten. Ergibt sich zu in den Kostenstellen eine Über- oder Unterdeckung gegenüber dem Vorjahr? Die Erlöse des Baubetriebshofes betragen € 725 000. Beurteilen Sie das Ergebnis.

Zur Kostenkontrolle sind nun die Abweichungen zu analysieren, weil die Istbeschäftigung der nachfolgenden Periode selten mit der Vorgängerperiode übereinstimmt (Plankosten zu Istkosten).

Die Einteilung des BAB kann auch nach folgendem Schema erfolgen:

Vor- und Endkostenstellen 1

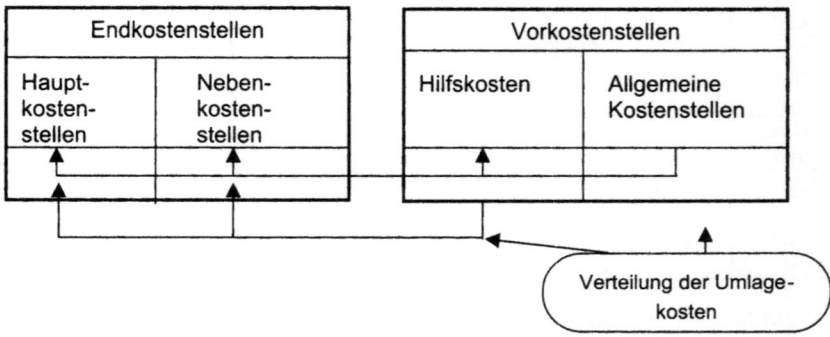

Abbildung 51: Alternativschema des Betriebsabrechnungsbogens

Eine allgemeingültige Festlegung einzelner Aufgabenbereiche als Vor- und Endkostenstelle ist nicht möglich. Je nach Aufgabenstellung eines Leistungsbereiches sind unterschiedliche Zuordnungen gleicher Aufgabenbereiche denkbar (z.B. kann der Fuhrpark innerhalb einer Stadtgärtnerei eine Hilfskostenstelle, dagegen die zentrale städtische Einrichtung „Fuhrpark" eine Hauptkostenstelle im entsprechenden Unterabschnitt, sein). Im Gegensatz zu den oben genannten haushaltsmäßigen Beziehungen zwischen den Unterabschnitten sind die Leistungsbeziehungen innerhalb eines Unterabschnitts nicht im Haushalt abzubilden, sondern Bestandteil der Kostenstellenrechnung (Umlageverfahren) im BAB.

Hilfskostenstellen sind in der Verwaltung jedoch wesentlich häufiger anzutreffen. Sie erbringen Leistungen für viele Bereiche der Verwaltung. Soweit die Leistungen aktivierbar sind, wären sie zu kalkulieren wie Außenaufträge (z.B. Hochbauamt plant und übernimmt die Bauleitung für ein städtisches Gebäude). Die Zahl der BAB's hängt von der Verwaltungsgliederung ab. Eine Orientierung könnte die Organisationseinheit der Verwaltung sein.

Anhang 4: Beispiel für kommunalen BAB „Jugendmusikschule"

Anhang 5: Beispiel für kommunalen BAB „Bestattungswesen"

▣ Innerbetriebliche Leistungsverrechnungen

Der einstufige BAB enthält wie oben dargestellt nur Hauptkostenstellen. Im Prozess der Gütererzeugung wird eine Reihe von Produkten erzeugt, die nicht am Markt abgesetzt werden, sondern im Produktionsprozess wieder eingesetzt werden. Sie werden in einer oder mehreren Kostenstellen selbst hergestellt und vom Betrieb zur Produktion genutzt. Die Kosten für innerbetriebliche Leistung sind den Kostenstellen und Kostenträgern nach den Prinzipien der Kostenverteilung zuzurechnen. Damit kann eine Grundlage für die Entscheidung über die eigene Herstellung oder den Fremdbezug (Outsourcing) getroffen werden. Das Problem der Verrechnung der innerbetrieblichen Leistungen besteht darin, in welcher Höhe die Kosen dieser Leistungen auf die Kostenstellen zu verteilen sind, in denen sie eingesetzt werden. Dazu sind folgende Verfahren vorhanden:

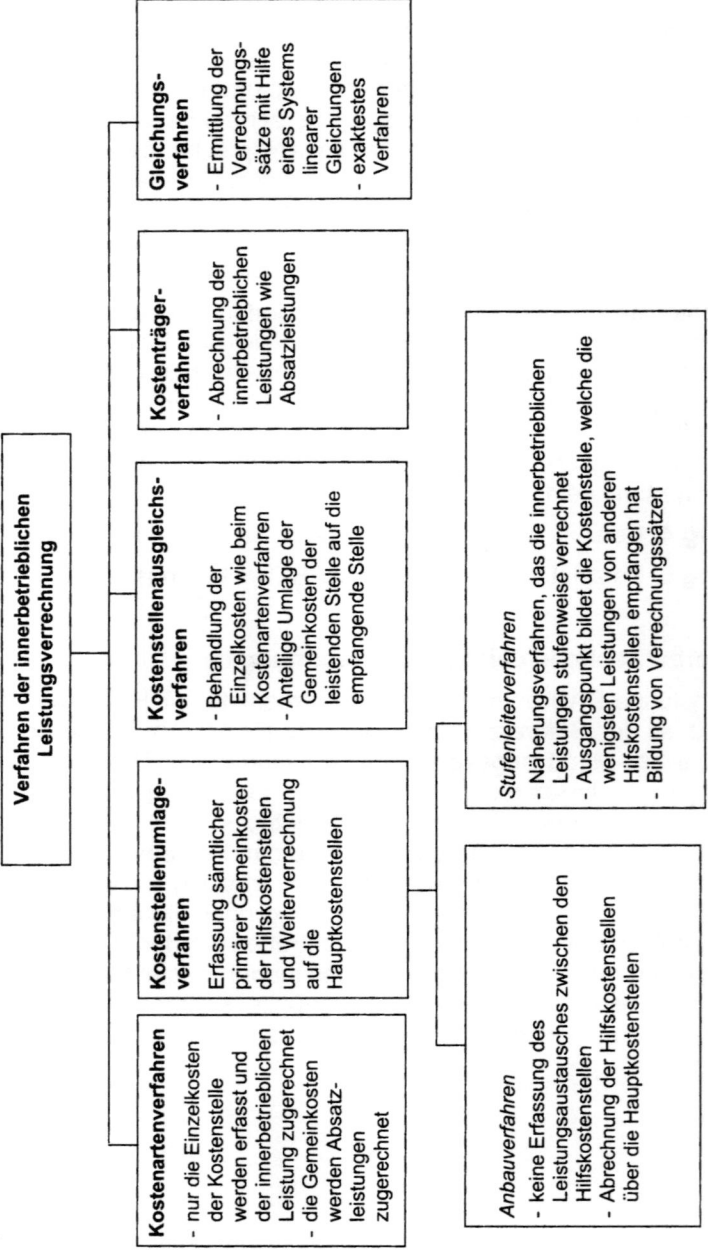

Abbildung 52: Verfahren der innerbetrieblichen Leistungsverrechnung

Systeme der traditionellen Kostenrechnung

Stufenleiterverfahren

Im Stufenleiterverfahren werden nur einseitige Leistungsbeziehungen der Kostenstellen erfasst. Gegenseitige Leistungsverflechtungen können dabei nicht berücksichtigt werden. Es wird eine sukzessive Verrechnung der Vorkosten auf die nachfolgenden Kostenstellen vorgenommen. Begonnen wird mit den Vorkostenstellen, die nur Leistungen an andere Stellen abgegeben haben. Die Gutschrift auf die nachfolgenden Stellen hat eine Entlastung der abgebenden Stellen zur Folge.

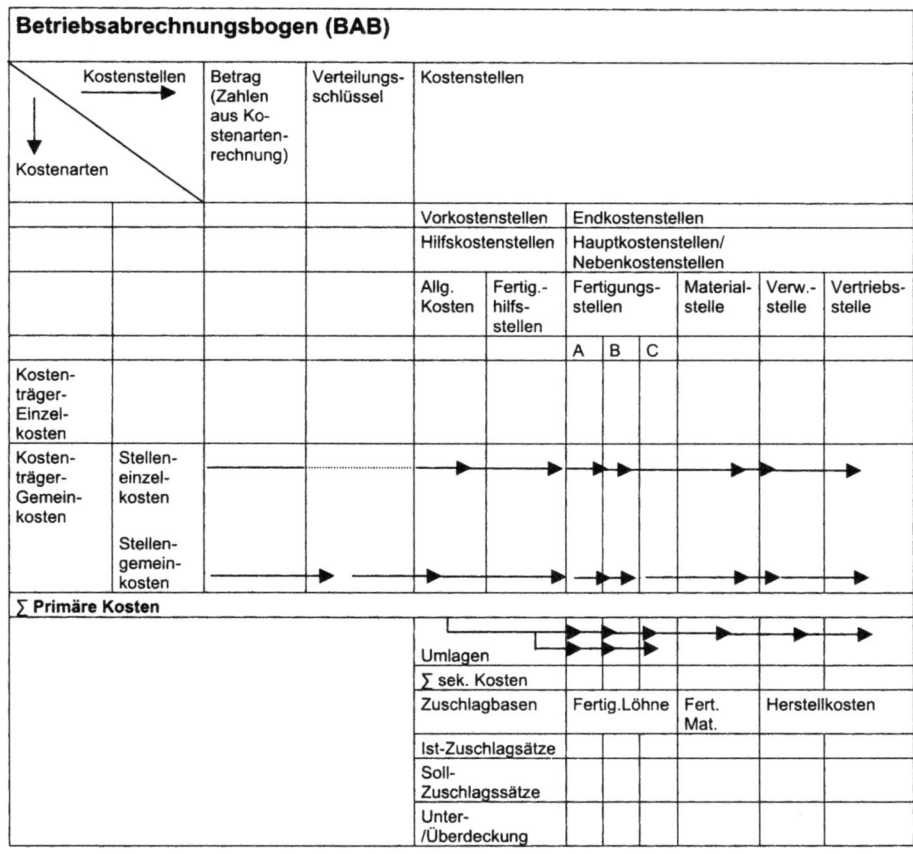

Abbildung 53: Grundschema eines Betriebsabrechnungsbogens im Stufenleiterverfahren

⊡ Grenzen der Kostenstellenrechnung mit Hilfe eines tabellarischen BAB

Bei einer zu großen Zahl von Kostenstellen geht die Übersichtlichkeit verloren. Der wechselseitige Leistungsaustausch zwischen den Kostenstellen kann nicht vorgenommen werden.

Lineares Gleichungssysteme

Bei erheblichen gegenseitigen Leistungsverflechtungen sind keine genauen oder mit Unschärfen verbundenen Ergebnisse zu erwarten. Durch die Verwendung eines linearen Gleichungssystems kann auf simultanem Wege eine exakte Kostenverrechnung der Kostenstellen untereinander vorgenommen werden. Die Gleichungen für jede Kostenstelle entsprechen dabei folgendem Muster:

Kostenstelle der leistenden Kostenstellen	= Kostenbelastung der empfangenden Kostenstellen
Anteilige primäre Gemeinkosten sowie sekundäre Gemeinkosten für innerbetriebliche Leistungen der Kostenstellen	= Σ sekundäre Gemeinkosten der empfangenden Kostenstellen

Beispiel zur innerbetrieblichen Leistungsverrechnung

Die Buchhaltung lieferte für November u.a. folgende Daten:

KOSTENSTELLE	primäre Kosten
Allgemeine Kostenstelle "Kantine"	4.000
Hilfskostenstelle „Fuhrpark"	3.000
Hauptkostenstelle 1	2.000
Hauptkostenstelle 2	5.000
Hauptkostenstelle 3	3.000

Systeme der traditionellen Kostenrechnung

Die Kantine lieferte im November an:

den Fuhrpark	1.000 Essen
die Hauptkostenstelle 1	1.500 Essen
die Hauptkostenstelle 2	1.100 Essen
die Hauptkostenstelle 3	400 Essen

Der Fuhrpark lieferte Leistungen an:

die Kantine	2.000 km
die Hauptkostenstelle 1	1.500 km
die Hauptkostenstelle 2	1.000 km
die Hauptkostenstelle 3	500 km

Welche Verrechnungssätze ergeben sich für die Allgemeine Kostenstelle und für die Hilfskostenstelle? Bei Anwendung des mathematischen Verfahrens ergibt sich folgende Gleichung:

x = Preis für 1 Essen
y = Preis für 1 km

	Input in € = Output in €
Kantine	$4\,000 + 2\,000y = 3\,000x$
Fuhrpark	$3\,000 + 1\,000x = 5\,000y$

Vorteile

Es lassen sich genaue Verrechnungspreise ermitteln. Sie eignen sich bestens für die Wirtschaftlichkeitskontrolle, da genaue Daten vorliegen. Eine genaue Kalkulation wird ermöglicht.

Nachteile

Bei mehr als drei Kostenstellen lässt sich das Gleichungssystem kaum noch ohne technische Hilfsmittel (z.B. EDV) lösen.

▣ Interne Leistungsverrechnung bei Kommunen

Unter interner Leistungsverrechnung versteht § 14 Abs. 4 Satz 1 GemHVO Baden-Württemberg insbesondere die Erstattung (innere Verrechnung) von Verwaltungskosten und sonstigen Gemeinkosten zentraler Dienststellen, die einzelnen Leistungen zuzurechnen sind. Die Verrechnung geschieht zwischen den beteiligten Einzelplänen, Abschnitten und Unterabschnitten des Verwaltungshaushaltes. Darunter fallen jedoch nicht die Verrechnung von Kosten zwischen Verwaltungshaushalt und Vermögenshaushalt (Verrechnung von Personalkosten für Planung und Bauleitungskosten nach §14 Abs. 4 Satz 2 GemHVO)[8].

Für die Entwicklung dürfte sich folgender Ablauf in etwa empfehlen:

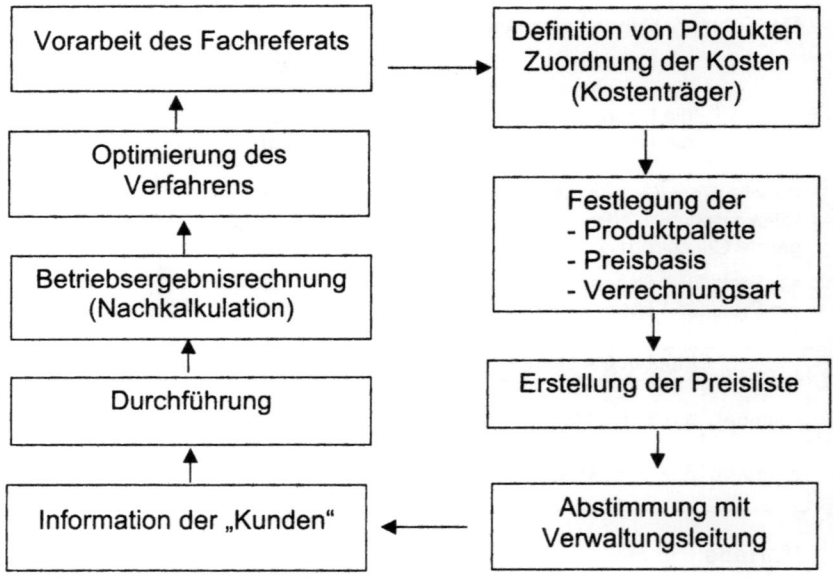

Abbildung 54: Organisationsablauf zur Durchführung der internen Leistungsverrechnung

Steuerungsprodukte werden in der Regel von folgenden Leistungsbereichen in der Kommunalverwaltung erbracht
- Gemeinderat (als Verwaltungsorgan)
- Ober/Bürgermeister (als Verwaltungsorgan)
- Dezernate
- Gesamtpersonalrat
- Repräsentation/Pressestelle/Ratschreiberei

---

[8] Die Gemeindehaushaltsverordnungen anderer Bundesländer sind ähnlich.

- Hauptamt/Organisation/Personalamt
- Kämmerei
- Rechnungsprüfungsamt
- zentrales Controlling

4.3 Kostenträgerrechnung

Kostenträger

- betriebliche Leistungen, denen die durch sie verursachten Kosten zugerechnet werden (Absatzleistungen = Produkte, Projekte)
- innerbetriebliche Leistungen
  Allgemein ist jede selbständige Leistungs- und Produktionseinheit ein Kostenträger. Dies trifft nicht nur auf die zu veräußernden Produkte bzw. Dienstleistungen zu, sondern auch auf die zu aktivierenden innerbetrieblichen Leistungen, die gleichfalls dann als Kostenträger fungieren. Eine Abgrenzung ist nicht schwierig. Für die Verwaltung könnte der Produktplan die Basis bilden.

Es sind zwei Auswertungsformen der Kostenarten- und Kostenstellenrechnung zu unterscheiden:

Formen der Kostenträgerrechnung

- Kostenträgerzeitrechnung (kurzfristige Erfolgsrechnung, Betriebsergebnisrechnung)
- Kostenträgerstückrechnung (= Kalkulation; Kalkulation der Herstell- und Selbstkosten)

Aufgaben der Kostenträgerrechnung

- Ermittlung der Herstell-, Herstellungs- und Selbstkosten zur Bewertung der Bestände an unfertigen und fertigen Erzeugnissen oder Leistungen und selbsterstellten Anlagen (innerbetriebliche Leistungen)
- Ausführung der kurzfristigen Erfolgsrechnung
- Gewinnung relevanter Kostenunterlagen für die preispolitischen Entscheidungen des Unternehmens/der Verwaltung
- Ermittlung von Daten für die Planungsrechnung

Kalkulationsarten

Betrachtung nach dem Zeitpunkt

- Vorkalkulation

Ex ante-Durchführung der Kalkulation, d.h. vor der Leistungserstellung (i.d.R. mit Plan-Kostensätzen, Plan- und Leistungsmengen). Sie wird vor der Leistungserstellung durchgeführt. Soweit keine eigene Datengrundlage vorhanden ist, können Erfahrungswerte bzw. Werte und Informationen Dritter herangezogen werden.

- Zwischenkalkulation

Sie hilft, die Kostenentwicklung im Laufe der Leistungserbringung zu überwachen. Bei längerer Ausführungsdauer eines Auftrags ist dies besonders wichtig. Ziel ist es, die auftretenden Abweichung frühzeitig zu entdecken. Die Zwischenkalkulation geht von Ist-Werten aus.

- Nachkalkulation

Ex post-Durchführung der Kalkulation, d.h. nach abgeschlossener Leistungserstellung (i.d.R. mit Ist-Kostensätzen und Ist- Leistungsmengen). Durch den Vergleich der tatsächlich angefallenen Kosten und der Ergebnisse der Vorkalkulation können Fehleinschätzungen erkannt und Anhaltspunkte für die künftige Vorkalkulation gewonnen werden. Eine Leistungserfassung (Fallzahlen, Mitarbeiterstunden etc.) ist erforderlich, damit eine stückbezogene Betrachtung erfolgen kann.

Bezieht man die erzielbaren Erlöse mit ein, kann die Kostenträgerstückrechnung zu einer Stückergebnisrechnung erweitert werden.

Systeme der traditionellen Kostenrechnung

▣ Kalkulationsverfahren im Überblick

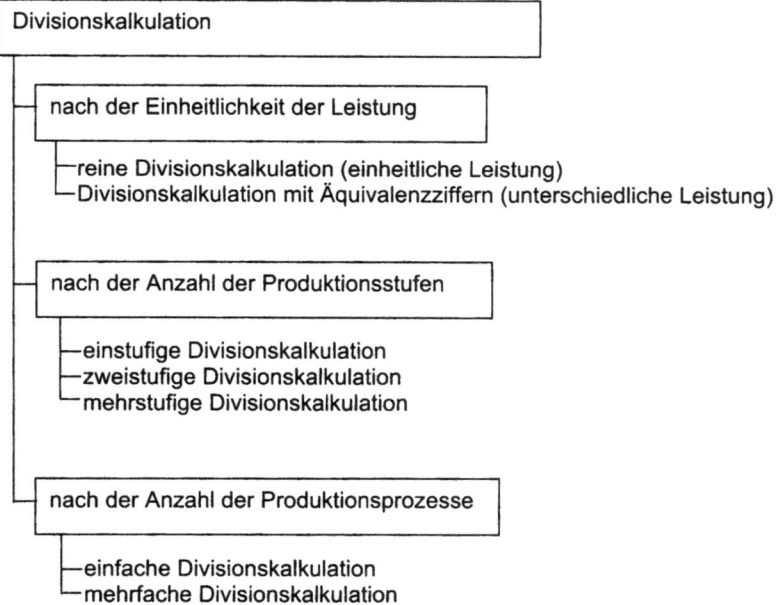

Abbildung 55: Kalkulationsverfahren im Überblick[9]

▣ Einzelne Kalkulationsverfahren

Darunter versteht man die Techniken der Verteilung der Kosten auf die Kostenträger. Die Kalkulationsmethoden sind ohne Unterschiede auf die Systeme der Kostenrechnung anwendbar. Der Einsatz der verschiedenen Kalkulationsmethoden ist von Fertigungsverfahren abhängig. Das Fertigungsverfahren wird dadurch bestimmt, ob es sich um ein Einprodukt- oder Mehrproduktunternehmen handelt und ob die hergestellten Produkte mehr oder weniger heterogen sind.

Das Einprodukt-Unternehmen ist daher naturgemäß von einem homogenen Produkt geprägt. Deshalb kommt hier zur Anwendung:

---

[9] Quelle: Selchert, S. 314

Divisionskalkulation

- reine Divisionskalkulation
  - einstufige (einfache) Divisionskalkulation
    Hier ist keine Kostenstellenrechnung erforderlich, weil die Kosten nicht nach Funktionsbereichen gegliedert werden. Es werden die der Gesamtkosten der Periode durch die produzierte Menge der Periode dividiert.

$$\text{Stückkosten (k)} = \frac{\text{Gesamtkosten(K)}}{\text{Produzierte Menge (x)}}$$

Bedingungen: einheitliche Leistung; keine Veränderungen des Lagerbestandes.

Beispiel

Der Eigenbetrieb Wasser produziert als Einproduktunternehmen 3 Mio. m³ Wasser. Dabei entstehen Gesamtkosten von € 6 Mio. Der Bestand an Trinkwasser hat sich gegenüber dem Vorjahr nicht verändert.

€ 6 Mio. : 3 Mio. m³ = € 2,--/m³ Wasser

Anhang 6: Gebührenkalkulation Eigenbetrieb "Abwasser"

Zweistufige Divisionskalkulation

- Aufhebung der Bedingung, dass keine Lagerbestandsveränderungen bei Fertigfabrikaten auftreten dürfen,
- getrennte Ermittlung der Herstell-, Verwaltungs- und Vertriebskosten,
- Division der Verwaltungs- und Vertriebskosten durch die abgesetzte Menge

Systeme der traditionellen Kostenrechnung

Beispiel

Abgesetzte Menge	(1) 25 000 Einheiten	(2) 18 000 Einheiten
Produzierte Menge	15 000 Einheiten	
Gesamtkosten	€ 450 000	
Vertriebskosten	€ 45 000	

(1) $k = \dfrac{405\,000}{15\,000} + \dfrac{45\,000}{25\,000}$

$\qquad\quad 27 \quad + \quad 1{,}8 \quad = €\ 28{,}8/\text{Einheit}$

(2) $k = 28{,}8 + \dfrac{45\,000}{18\,000} = €\ 31{,}3/\text{Einheit}$

Mehrstufige Divisionskalkulation
- Fertigung eines einheitlichen Produkts in
- mehreren Produktionsstufen
- Ermittlung der Gesamtkosten jeder Stufe, die dann
- durch die produzierte Menge der jeweiligen Stufen dividiert werden
- Einführung von Lägern

Sie ist in der Verwaltung in der Regel nicht üblich.

Divisionskalkulation mit Äquivalenzziffern
- Anwendung bei artverwandten Produkten (= Sorten, z.B. Wohngeldbescheid, Sozialhilfebescheid)
- Äquivalenzziffern = (Gleichwertigkeitsziffer, Verhältniszahlen) Gewichtungsfaktoren, die angeben, in welchem Verhältnis die Produktionskosten einer Produktart zu denen eines Einheitsproduktes stehen.

Sie leitet sich aus der Divisionskalkulation ab. Äquivalent sind Produkte, die nach vergleichbaren Verfahren, aber mit unterschiedlichen Kosten hergestellt werden. Die Unterschiede der Kostenverursachung werden durch die Kostengewichtung zum Ausdruck gebracht.

- **einstufige Äquivalenzziffernkalkulation**
  - Ermittlung der Gesamtkosten der jeweiligen Produktart durch Multiplikation der Einheitsstückkosten mit der betreffenden Äquivalenzziffer und mit der produzierten Menge.
  - Ermittlung der Einheitsstückkosten durch Division der Gesamtkosten durch Gesamtrechnungsmenge.

Leistungsbescheid	Äquivalenzziffer	produzierte Bescheide	Recheneinheit
Laufende Hilfe zum Lebensunterhalt	1,0	1 000	1 000
Wohngeld	0,8	1 200	960
Hilfe in besonderen Lebenslagen	1,5	800	1 200
			3 160

Herstellkosten € 363 400 : 3 160 Recheneinheiten = € 115/Recheneinheit

Herstellkosten je Bescheid		**Gesamtkosten**
Lfd. Hilfe z. Lebensunterhalt	1,0 · 115 = 115	115 · 1000 = 115 000
Wohngeld	0,8 · 115 = 92	92 · 1200 = 110 400
Hilfe in bes. Lebenslagen	1,5 · 115 = 172,5	172,5 · 800 = 138 000
		363 400

- **mehrstufige Äquivalenzziffernkalkulation**
    - Bildung von Äquivalenzziffern für jede Produktionsstufe
    - entsprechende stufenweise Berechnung der Kosten der be- treffenden Produktart.

Sie wird in der Verwaltung in der Regel nicht anzutreffen sein.

⊡ **Kuppelkalkulation**

Sie wird angewandt, sofern in einem Produktionsprozess zwangsläufig mehrere Produkte (Kuppelproduktion), wie zum Beispiel in der Abfallwirtschaft, entstehen. Eine verursachungsgerechte Zuordnung der Kosten zu den einzelnen Produkten (Wärme, Strom, Verbrennung des Abfalls, Schlacke) ist nicht möglich. Die Verteilung der Kosten erfolgt deshalb nach dem Tragfähigkeits- oder Durchschnittsprinzip. Die Verteilungsmethode kann auch nach den erzielbaren Erlösen – z.b. äquivalenter Wärmepreis am Markt-, Mengen, Eigenschaften usw. erfolgen.

Beispiel nach Restwertmethode

In einem Abfallentsorgungsbetrieb wurde Wärme und Strom durch das Verbrennen der Abfälle produziert. Der Strom wurde in das überörtliche Netz eingespeist, die Wärme wurde an verschiedene Abnehmer geliefert und verkauft.

Für die Verbrennung des Abfalls entstanden Gesamtkosten von € 42 500 000,-- bei einer Abfallmenge von 160 000 t pro Jahr. Welche Selbstkosten entstanden für die Verbrennung von 1 t Müll?

Lösung

Kosten des Kuppelproduktionsprozesses	€ 42 500 000
- Nettoerlös aus Stromverkauf	€ 2 000 000
- Nettoerlöse aus Wärmeverkauf	€ 500 000
Prozesskosten des Hauptprodukts	€ 40 000 000
Prozesskosten des Hauptprodukts pro t	€ 250,00

▣ Zuschlagskalkulation

Sie findet Anwendung bei unterschiedlichen Arten von Produkten (Serien- oder Einzelfertigung). In der Verwaltung finden wir sehr verschiedenartige Produkte und Dienstleistungen vor.

- Summarische (kumulative) bzw. einstufige Zuschlagskalkulation

Es werden die gesamten Gemeinkosten eines Betriebes durch einen Gemeinkostenzuschlag verrechnet. Die Gemeinkosten werden in diesem Fall auf eine bestimmte Einzelkostenbasis bezogen. Dabei wird die Einzelkostenart gewählt, die von der Gemeinkostenentwicklung hauptsächlich beeinflusst wird (z.B. werden im Baubetriebshof dies die Lohnkosten sein). Obwohl unterschiedliche Leistungen erbracht werden, wird jede Leistungseinheit mit einem einheitlichen Gemeinkostenzuschlag belastet. Bedingung ist, dass die Proportionalität der gesamten Einzelkosten und der Gesamtkosten besteht.

$$\text{Kalkulationssatz} = \frac{\text{Gesamte Gemeinkosten} \cdot 100}{\text{Gesamte Einzelkosten}}$$

Abbildung 56: Kalkulationssatz der einfachen Zuschlagskalkulation

Beispiel

Für die Reparatur einer Tür im Schulhaus sind 10 Arbeitsstunden à € 30,-- angefallen. Der Materialverbrauch für diesen Auftrag beträgt € 10,--. Es wird mit einem Gemeinkostenzuschlag von 75% auf die Lohnkosten gerechnet.

	€
10 Arbeitsstunden zu je € 30,--	300,--
Materialverbrauch	10,--
Summe Einzelkosten	310,--
75% Gemeinkostenzuschlag auf die Lohnkosten	225,--
Selbstkosten	535,--

Diese Art der Zuschlagskalkulation wird besonders in kleinen Einheiten angewandt. Sie hat den Vorteil, dass die Kostenstellenrechnung entbehrlich ist.

- Mehrstufige bzw. differenzierende Zuschlagskalkulation

Das allgemeine Kalkulationsschema sieht wie folgt aus:

Position	
(1) Materialeinzelkosten (MEK)	
(2) Materialgemeinkosten	in % von (1)
(3) Materialkosten (MK)	
(4) Fertigungseinzelkosten (FEK)	
(5) Fertigungsgemeinkosten (FGK)	in % von (4)
(6) Sondereinzelkosten der Fertigung (SEF)	
(7) Fertigungskosten (FK)	(4+5+6)
(8) Herstellkosten	(3+7)
(9) Verwaltungsgemeinkosten (VwGK)	(in % von 8)
(10) Vertriebsgemeinkosten (VtGK)	(in % von 8)
(11) Sondereinzelkosten des Vertriebs (SEVt)	
(12) Selbstkosten	(8+9+10+11)

Abbildung 57: Selbstkostenkalkulation

Systeme der traditionellen Kostenrechnung

Beispiel

Für die Instandsetzung einer Brücke wird von der Betriebsleitung des Baubetriebshofes der Materialbedarf mit 2,2 t Formstahl (€ 1.500,--/t und 0,1 t Kleinmaterial (€ 1.000,--/t), der Zeitbedarf mit 150 Stunden Werkstattarbeit (Stundenlohn € 25,--), 100 Stunden Montagearbeit (Stundenlohn € 30,--) und 6 Stunden Fahrzeugeinsatz beziffert (Verrechnungssatz für einen 2,5t - Lkw € 40,-- pro Betriebsstunde).
Die Kostenstellenrechnung liefert die folgenden Gemeinkostenzuschlagssätze: Materialgemeinkosten 20 %, Fertigungsgemeinkosten bei Werkstattarbeit 180 %, bei Montagearbeit 120 %. Der Kalkulationszuschlag für Verwaltungsgemeinkosten wird mit 7 % angegeben.
Für diesen Auftrag ergeben sich somit folgende Selbstkosten:

Fertigungsmaterial		
a) 2,2 t Formstahl	€ 3.300,--	
b) 0,1 t Kleinmaterial	€ 100,--	€ 3.400,--
+ 20 % Materialgemeinkosten		€ 680,--
= Materialkosten		€ 3.980,--
+ Fertigungslöhne		
a) 150 Stunden Werkstattarbeit		€ 3.750,--
+ 180 % Fertigungsgemeinkosten		€ 6.750,--
b) 100 Stunden Montagearbeit		€ 3.000,--
+ 120 % Fertigungsgemeinkosten		€ 3.600,--
c) 6 Stunden Fahrzeugeinsatz		€ 240,--
= Fertigungskosten		€ 17.340,--
Herstellkosten (Material- und Fertigungskosten)		€ 21.320,--
+ 7 % Verwaltungsgemeinkosten		€ 1.492,40
= Selbstkosten		€ 22.812,40

Als Basis für die Berechnung der Kalkulationszuschläge dienen bei dieser Kalkulationsform traditionell das Fertigungsmaterial (Materialeinzelkosten), die Fertigungslöhne (Lohneinzelkosten) und die Herstellkosten. Auf diese drei Bezugsgrößen werden die Gemeinkosten (aus dem BAB ermittelt) nach der Inanspruchnahme der jeweiligen Kostenstelle prozentual verrechnet und von dort dem Kostenträger differenziert zugeschlagen. Das dieser Verfahrensart prinzipiell zugrunde liegende Aufbau- und Ablaufschema geht aus der vorangehenden Darstellung hervor. Für die öffentliche Verwaltung ist die differenzierende Zuschlagskalkulation insoweit von Bedeutung, als es hier primär um *Kostenkontrollen* geht. Daneben ist sie für die Frage des Outsourcing von Bedeutung.

Für die Verwaltung wird noch folgendes Grundschema für die typischen Dienstleistungsbereiche vorgeschlagen:

(1)	Personaleinzelkosten
(2)	+ Sacheinzelkosten
(3)	+ direkt zurechenbare kalkulatorische Kosten
(4)	+ direkt zurechenbare Serviceleistungen
(5)	= Herstellkosten
(6)	+ Zuschlag für Gebäudekosten (in % von 5)
(7)	+ Zuschlag für sonstige Gemeinkosten (in % von 5)
(8)	= Selbstkosten
(9)	+ Steuerungszuschlag (in % von 8)
(10)	= Gesamtkosten eines Produktes

Abbildung 58: Kalkulationsschema für Dienstleistungsbereiche der Verwaltung

Eine gesonderte Absatzkalkulation, die über die Kalkulation der Selbstkosten hinausgeht wird erforderlich, wenn die Verwaltung mit ihrem Produkt den Regeln marktwirtschaftlicher Systeme unterworfen ist.

V. Betriebsergebnisrechnung

Im Gegensatz zur Kostenstückrechnung, die auf die Kosten der produzierten Einheit abstellt, geht die Kostenträgerzeitrechnung von den Kosten der Rechnungsperiode aus. Sie geht in den unterjährigen Perioden (monatlich oder vierteljährlich) über die Kostenrechnung im engeren Sinne hinaus und verknüpft als kurzfristige Erfolgsrechnung die Kosten und Leistungsrechnung.

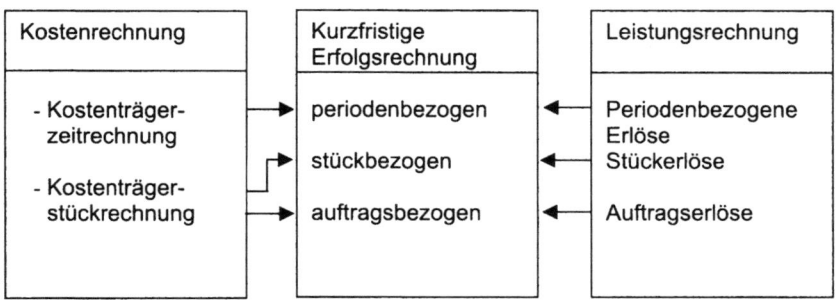

Abbildung 59: von der Kostenrechnung zur Kosten- und Erlösrechnung

Die Betriebsergebnisrechnung hat das frühzeitige Erkennen und Beseitigen von Fehlentscheidungen zum Ziel. Sie liefert darüber hinaus Informationen für dispositive Zwecke.

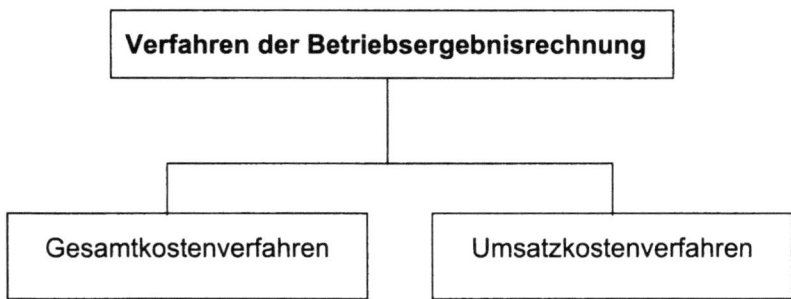

Öffentliche Unternehmen und Eigenbetriebe haben in der Rechnungslegung das Gesamtkostenverfahren anzuwenden. Dieses eignet sich nur bedingt, denn es ist eine Abgrenzungsrechnung erforderlich, nämlich

- die betrieblichen von den neutralen Aufwendungen und Erträgen zu trennen,

- Berücksichtigung der Anderskosten/Andersleistung,
- sowie Hinzufügen der Zusatzkosten/Zusatzleistung.

Das Gesamtkostenverfahren eröffnet den Vergleich der Kostenstruktur und ihrer Veränderung in den einzelnen Perioden. Die Veränderungen lassen sich in Kennzahlen erfassen. Es ist jedoch nicht ersichtlich, welche Kostenträger den Gesamterfolg positiv oder negativ beeinflusst haben.

Grundschema:

```
      Umsatzerlös
  -   Erlösschmälerungen
  +/- Bestandsveränderungen der unfertigen und
      fertigen Erzeugnisse (zu Herstellungskosten)
  -   Gesamtkosten
  ─────────────────────
  =   Betriebsergebnis
```

Es wird das gesamte Ergebnis sichtbar. Eine Differenzierung ist nicht möglich. Für die Kostenrechnung eignet sich das Gesamtkostenverfahren nicht. Aus dem Umsatzkostenverfahren lassen sich für die kurzfristige Betriebsergebnisrechnung bessere Ergebnisse ableiten. Die Steuerung über die Teilkostenrechnung ist erfolgsversprechender.

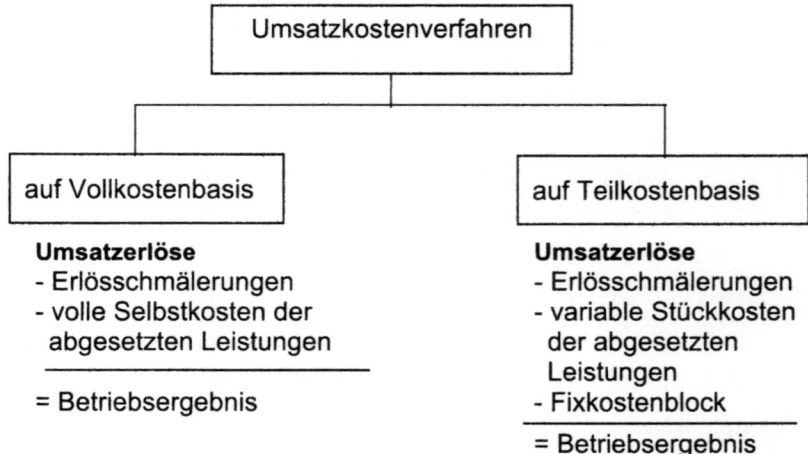

Gesamtkostenverfahren und Umsatzkostenverfahren ermitteln das gleiche Betriebsergebnis. Die Wege sind jedoch unterschiedlich.

Anhang 7: Betriebsergebnisrechnung Eigenbetrieb „Abwasser".

VI. Kostenmanagement

Die traditionelle Kostenrechnung bleibt unverzichtbarer Bestandteil der Kostenrechnung. Zukünftig ist es jedoch auch notwendig ein wirkungsvolles Kostenmanagement zu betreiben. Hierzu reichen die Instrumente der Kostenrechnung nicht aus, weil sie von festen betrieblichen Strukturen ausgeht. In diesem System steht das Aufdecken und Analysieren von bereits angefallenen Kostenabweichungen zwischen Ist- und Plankosten im Vordergrund.

Die Herstellkosten können prinzipiell schon vor Beginn der eigentlichen Produktion des ersten Stücks benannt werden. Daraus kann der Schluss gezogen werden, dass Kostenziele für die späteren Herstellkosten eines Produkts schon in der Entwicklungs- und Konstruktionsphase zu setzen sind.

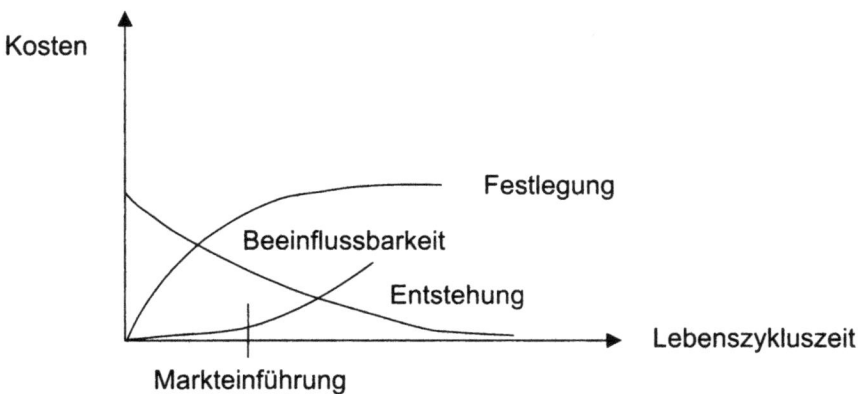

Abbildung 60: Kosten und Lebenszykluszeit

Die Abbildung zeigt, dass die Beeinflussbarkeit der Kosten fortlaufend während des Produktlebenszyklus sinkt aber gleichzeitig die Festlegung der Kosten zunimmt. Damit wird deutlich dass Kostenziele bereits in den frühen Lebenszyklusphasen zu entwickeln sind.

Kostenmanagement bedeutet

> Veränderung von betrieblichen Aktivitäten unter Kostengesichtspunkten.

Hierzu ist die Steuerung der Kosten unumgänglich. Sie umfasst mehrere Phasen

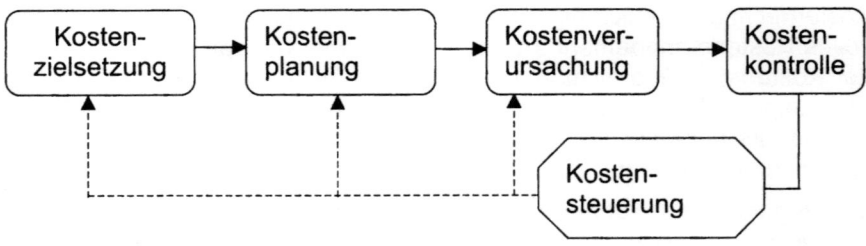

Abbildung 61: Kostensteuerung

Neben der Kostenbeeinflussung durch Steuerung und Kontrolle hat das Kostenmanagement noch zusätzlich zum Ziel

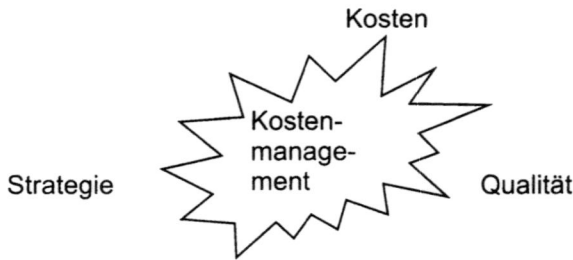

Durch die Aufnahme von Qualität und Strategie wird erkennbar, dass das Kostenmanagement sich neben der Analyse, Prognose und Beurteilung der Angemessenheit von Kosten und Kostenstrukturen auch den Nutzen des Kunden zum Ziel hat. Dieser soll aus dem Produkt einen Nutzen erzielen. Die Verbesserung des Kundennutzen geht über das eher traditionelle Denken hinaus. Dies gilt insbesondere für die Anforderungen, die an öffentliche Betriebe und Unternehmen in der Zukunft gestellt werden.

Die Ansatzpunkte des Kostenmanagements können aufgegliedert werden in

- Kostenoptimierung eines bestehenden Nutzenpotenzials des relevanten Produkts

- Nutzenoptimierung innerhalb bestehender Kostenstrukturen.

Kostenmanagement wird auch geprägt durch die Überlegungen zum Kostenanfall über den Lebenszyklus eines Produkts hinaus. Dabei wird unter anderem mitzubeurteilen sein

- sollen neue Produktionsstrukturen entwickelt werden oder kann es in das bestehende Produktionskonzept integriert werden.
- spätere Entsorgungskosten des Produkts

Als Instrumente eines strategischen Kostenmanagements werden angesehen

- Life-Cycle-Costing als lebenszyklusorientierte Kostenbetrachtung,
- Benchmark-Costing als Kostenanalyse durch Unternehmensvergleich,
- Deckungsbeitragsrechnung.

VII. Teilkostenrechnungen

In den Teilkostenrechnungen werden lediglich ein Teil der anfallenden Kosten auf den Kostenträger verrechnet. Man will die in der Vollkostenrechnung vorgenommene „willkürliche" Proportionalisierung der Fixkosten und die „willkürliche" Umlage der Gemeinkosten vermeiden. Fixkosten und Gemeinkosten sind in der Verwaltung häufig mengenunabhängig. Eine Aufteilung der Kosten in fixe und variable Kosten ist aber erforderlich. Die Trennung nach fix und variabel kann sich auch auf die Beeinflussbarkeit der Kosten auf den Zeitablauf beziehen. Dadurch wird es dann möglich, die kurzfristige Preisuntergrenze für die Entscheidungsfindung heranzuziehen.

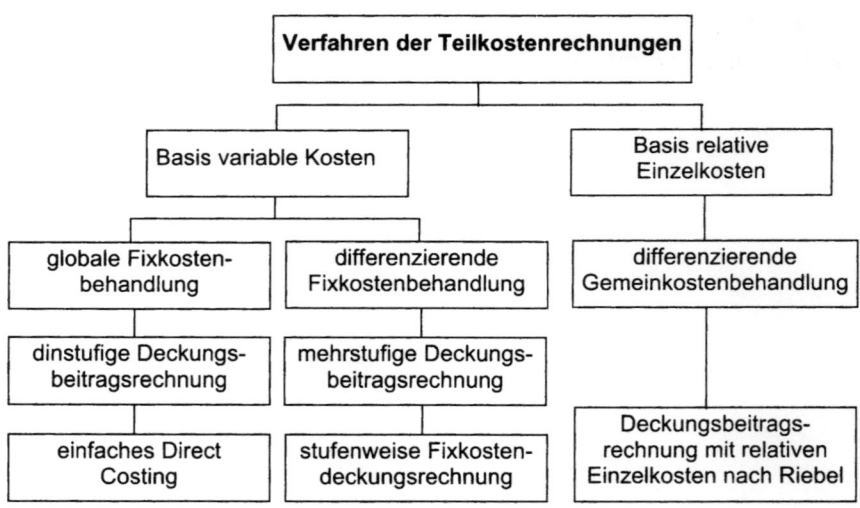

Abbildung 62: Verfahren der Teilkostenrechnungen

Der Deckungsbeitrag wird allgemein als Differenz zwischen Preis und den zugerechneten Teilkosten definiert.

Deckungsbeitrag einer Produkteinheit = Preis minus zugerechnete Teilkosten

Bei den Teilkosten kann es sich handeln um
- Einzelkosten der Produkteinheit
- Grenzkosten oder variable Stückkosten der Produkteinheit

Bestimmungsgleichung bei linearem Kostenverlauf:

$$d = p - K'$$

$$d = p - k_v$$

d = Stückdeckungsbeitrag

p = Preis
K' = Grenzkosten
k_v = variable Stückkosten

Gesamtdeckungsbeitrag

$$D = U - K_v$$

D = Gesamtdeckungsbeitrag
U = Umsatz
K_v = gesamte variable Kosten

Die Teilkostenrechnungen unterscheiden sich darin, dass in der relativen Einzelkostenrechnung der Gesichtspunkt der Zurechenbarkeit im Vordergrund steht, während bei anderen Teilkostenrechnungen die Abhängigkeit der Kosten von der Beschäftigung das grundlegende Merkmal bildet.

▣ Einstufige Deckungsbeitragsrechnung – Direct Costing

Den Produkterlösen werden die variablen Produktkosten gegenübergestellt und so ein Betrag (Deckungsbeitrag) ermittelt, der zur Deckung aller Fixkosten herangezogen werden kann. Die Fixkosten werden nicht mehr aufgespalten. In den USA wird dieses als „direct costing" bezeichnet.

Beispiel

		Produkt I	Produkt II	Produkt III	Gesamt
Vollkosten-rechnung	Erlöse	1 400	1 000	1 600	4 000
	Einzelkosten	800	600	1 200	2 600
	Gemeinkosten	400	300	600	1 300
	Selbstkosten	1 200	900	1 800	3 900
	Erfolg	+ 200	+ 100	- 200	+ 100
Teilkosten-rechnung	Erlöse	1 400	1 000	1 600	4 000
	– Teilkosten	800	600	1 200	2 600
	Deckungsbeitrag – Blockkosten	600	400	400	1 400 1 300
	Erfolg				+ 100

Abbildung 63: Beispiel einer Kostenrechnung auf Voll- und Teilkostenbasis

Zu diesem Vergleich kann festgehalten werden, dass die Deckungsbeitragsrechnung ein für die dispositiven Zwecke der Betriebsführung speziell geeignetes, stark aussagefähiges Instrument darstellt. Einmal dient sie als Orientierungshilfe für die Preisfindung, indem sie vor allem aus absatzpolitischen Erwägungen die *kurzfristigen* Preisuntergrenzen durch die Höhe der den Leistungen direkt zurechenbaren Teilkosten ermittelt. Langfristig indes wird jeder Betrieb um eine vollständige Deckung aller Kosten bemüht sein, will er nicht bestandsgefährdende Verluste hinnehmen. Zum andern gestattet sie das betriebliche Leistungssortiment wirtschaftlich optimal zu gestalten und das heißt auch: die Förderungswürdigkeit einzelner Kostenträger feststellen und prüfen, ob die Annahme zusätzlicher Aufträge rentabel erscheint. Dies wird grundsätzlich immer dann der Fall sein, wenn der Gesamtdeckungsbeitrag die Blockkosten überschreitet.

▣ Stufenweise Fixkostendeckungsrechnung/ Mehrstufige Deckungsbeitragsrechnung

In der Verwaltung bilden die Fixkosten den überwiegenden Teil der Gesamtkosten. Deshalb wird die Anwendung der mehrstufigen Deckungsbeitragsrechnung oder Fixkostendeckungsrechnung besser geeignet sein, die einzelnen Kostenstrukturen zu erfassen. Die Fixkosten werden in Blöcke aufgespalten. Ziel ist das Erreichen einer weitestgehenden verursachungsgemäßen Deckung der Fixkostenblöcke aus Deckungsbeiträgen.

Bereiche	1			2	
Produkte	I	II	III	IV	V
Produktgruppen	A		B	C	
Bruttoerlöse	26 000	8 300	22 000	18 000	14 500
-Erlösschmälerungen	2 500	1 300	2 200	1 800	2 500
Nettoerlöse	23 500	7 000	19 800	16 200	12 000
– Variable Kosten	15 750	3 550	14 900	9 850	8 430
Deckungsbeitrag I	7 750	3 450	4 900	6 350	3 570
– Produktfixkosten	250	-	300	150	120
Deckungsbeitrag II	7 500	3 450	4 600	6 200	3 450
Deckungsbeitrag II jeder Produktgruppe	10 950		4 600	9 650	
– Produktionsgruppenfixkosten	950		–	650	
Deckungsbeitrag III	10 000		4 600	9 000	
Deckungsbeitrag III jedes Bereiches	14 600			9 000	
- Bereichsfixe Kosten	4 000			4 500	
Deckungsbeitrag IV	10 600			4 500	
Deckungsbeitrag IV des Unternehmens	15 100				
– Unternehmensfixkosten	1 100				
Kalkulatorischer Periodenerfolg	14 000				

Abbildung 64: stufenweise Fixkostendeckungsrechnung

Die stufenweise Fixkostendeckungsrechnung eignet sich auch deshalb für die Verwaltung, weil die Struktur der Fixkosten offengelegt wird. Die Genauigkeit der Kostenzurechnung in den produktnahen Fixkostenschichten hängt entscheidend davon ab, dass die Kostenstellenbildung die Kostenentstehung des Verwaltungsprodukts widerspiegelt. An Stelle der Erlöse kann das jeweilige Budget, die Mittel, die über den Haushaltsplan zugewiesen werden, treten.

Zu den variablen Produktkosten zählen die Materialeinzelkosten, die stückzahlabhängigen Gemeinkosten und die direkt verrechneten Gehälter und Löhne. Zu den Produktfixkosten gehören die stückzahlunabhängigen Kosten, die bei der Produktion anfallen. Zu den Produktgruppen-Fixkosten zählen u.a. auch die Personalkosten des Leiters der Produktgruppe oder auch gemeinsam genutzte Gebäude. Die Fixkosten sind hinsichtlich ihrer Zurechenbarkeit auf die unterschiedlichen Stufen zu kennzeichnen.

Die Hierarchie der Produkte ist mit eine Entscheidungshilfe für den Aufbau der mehrstufigen Deckungsbeitragsrechnung. Ihre Ausgestaltung hängt letztlich auch mit dem Informationsbedürfnis der Verwaltung zusammen.

Die Deckungsbeitragsrechnung legt die entscheidungsrelevanten Kosten offen und trägt zur Transparenz der Informationen bei, da die Kosten eindeutig und verursachungsgerecht zugeordnet werden.

Als Wirtschaftlichkeitskontrolle ist die Teilkostenrechnung zunächst als Plankostenrechnung aufzubauen. Durch den Soll-Ist-Vergleich von Deckungsbeiträgen und Fixkostenblöcken wird die Wirtschaftlichkeitskontrolle möglich. Die Zuschüsse bzw. Überschüsse der Produktbudgets können mit dem Deckungsbeitrag korreliert werden, so dass hier ein Ansatzpunkt zur Haushaltsplanung und -kontrolle gegeben ist.

Relative Einzelkostenrechnung nach Riebel

Begriff des Deckungsbeitrags nach Riebel

Deckungsbeitrag = positive Differenz der Einzelerlöse über die Einzelkosten eines klar abzugrenzenden Kalkulationsobjektes, mit der zur Deckung der Gemeinkosten (fix und variabel) sowie zu einem Gewinn beigetragen wird

Kennzeichnung

- Ermittlung von Deckungsbeiträgen für Kostenträger, Kostenstellen und einzelne Periodenabschnitte
- Zerlegung der Gemeinkosten derart, daß eine direkte Zuordnung (ohne Schlüsselung) der Teilbeträge zu Bezugsbasen (z.B. Produktarten, -gruppen) möglich ist
- → Relativierung der Begriffe Einzel- und Gemeinkosten
- Anstelle der Differenzierung in fixe und variable Kosten unterscheidet Riebel:

    Leistungskosten: Kosten, die durch die tatsächliche Produktion entstehen

    Bereitschaftskosten: Kosten, die durch das Bereitstellen von Leistungskapazitäten entstehen

Vorgehensweise

Umsatzerlöse

./. Erzeugnis-Einzelkosten des Vertriebs

./. Erzeugnis-Einzelkosten der Herstellung

./. Erzeugnisgruppen-Einzelkosten

./. Bereichs-Einzelkosten

./. Unternehmens-Einzelkosten

= Betriebserfolg

Abbildung 65: Schema für relative Einzelkostenrechnung

Der Riebel'sche Ansatz kann für die öffentliche Verwaltung ein zweckmäßiges Verfahren ergeben, weil er sich gut auf den Ausweis von Ergebnissen für Produkte, Produktgruppen oder Produktbereiche anwenden lässt. Es werden nur pagatorische (ausgabenwirksame) Kosten erfasst. Die kalkulatorischen Kosten werden nicht erfasst. Eine Schlüsselung ist nicht erforderlich, weil sonst eine Verletzung des Verursacherprinzips vorliegt. Die relative Einzelkostenrechnung basiert auf einem entscheidungsorientierten Kostenbegriff: „Kosten sind die durch Entscheidung über das betrachtete Objekt ausgelösten zusätzlichen ... Ausgaben" (Riebel [1994] S. 427).

Das System ist außerdem geeignet für Wirtschaftlichkeitskontrollen, weil die wichtigsten Kosteneinflussgrößen sichtbar gemacht werden. Die internen Leistungsverrechnungen von anderen Ämtern werden als primäre Kosten angesehen. Sie können für jede Stufe auf die Leistung bzw. Leistungsgruppe oder auf den Verantwortungsbereich bezogen werden.

VIII. Grenzplankostenrechnung

Die Grenzkosten kennzeichnen die Veränderung der Kosten in der kleinsten Ausbringungseinheit. Bei Bestehen der linearen Kostenfunktion sind die variablen Kosten jeder Beschäftigungseinheit konstant. Sie stimmen in diesem Fall mit den Grenzkosten überein. Teilkostenrechnungen auf der Basis variabler Kosen haben somit den Charakter einer Grenzkostenrechnung, wenn sie von linearen Kostenfunktionen ausgehen.

Zu den zukunftsbezogenen Teilkostenrechnungssystemen zählt die Grenzplankostenrechnung. Im Unterschied zur Deckungsbeitragsrechnung, die ein als deckungsbeitragsbezogenes Teilkostenrechnungssystem gilt, ist die Grenzplankostenrechnung ein kostenträgerbezogenes Teilkostensystem. In der Grenzplankostenrechnung wird eine Kostenauflösung in beschäftigungsfixe und beschäftigungsvariable Kosten in allen Bereichen der Kostenrechnung vorgenommen. Die Kostenrechnung auf Kostenstellen und Kostenträger umfasst nur die beschäftigungsvariablen Kosten (Grenzkosten).

Die Kostenauflösung ist demzufolge vorzunehmen bei der
- Verrechnung der Plan- und Istkosten auf die Kostenstellen,
- Innerbetrieblichen Leistungsverrechnung zwischen den Kostenstellen,
- Bildung von Kalkulationszuschlagssätzen,
- Ermittlung der Kosten pro Kostenträgereinheit,
- Ermittlung des Betriebserfolgs.

Die Grenzplankostenrechnung unterstellt, dass auf die Kostenträger nur die beschäftigungsvariablen Kosten verrechnet werden können. Es wird davon ausgegangen, dass die variablen Kosen sich linear verhalten. Dies ist für Teilbereiche der Kostenstellen sicherlich zutreffend. Somit entspricht dann die Funktion der beschäftigungsvariablen Kosten pro Kostenträgereinheit (Funktion der Stückkosten) der Grenzkostenfunktion. Bei der Annahme eines linearen Verlaufs der Kostenfunktion ist es gerechtfertigt, bei Abstellen auf die beschäftigungsvariablen Kosten von einer Grenzkostenrechnung zu sprechen.

Werden nicht nur die Ist- oder Normalkosten zugrundegelegt, sondern die beschäftigungsvariablen Plankosten (Grenzkosten), so wird das Kostenrechnungssystem zur Grenzplankostenrechnung ausgebaut.

Bei nichtlinearer Kostenfunktion können die Grenzkosten höher oder niedriger als die variablen Kosten pro Beschäftigungseinheit sein und unter Umständen auch über den Durchschnittskosten liegen. Durch den Verlauf der Grenzkosten wird der Verlauf der Gesamtkosten beschrieben.

IX. Break-even-Analyse

Sie ist ein Instrument zur Verdeutlichung des Zusammenhangs zwischen Absatzmenge, Absatzpreis, Kosten und Gewinn. Ihr Ziel ist es die Ermittlung der Absatzmenge, von der ab die Gesamtkosten durch die Gesamterlöse gedeckt sind, und von der ab eine Umsatzausweitung zu Gewinn führt. Der Break-even-Punkt bezeichnet den Punkt an dem die Umsätze die Gesamtkosten decken. An diesem Punkt wird weder eine Gewinn erzielt noch entsteht ein Verlust.

Es gilt die Formel

> Gewinn $= (p \cdot x) - (k_v \cdot x) - K_f$
> bzw. Kostendeckung (o) $= (p \cdot x) - (k_v \cdot x) - K_f$

Beispiel:

Im Abwasserbereich finden wir folgende Situation vor:
Preis pro m³ Abwasser = € 6,70
Variable Kosten pro m³ Abwasser = € 1,20
Fixkosten pro Jahr = € 22 Mio.
Geschätzte Abwassermenge im Jahr t1 = 4 Mio m³
Ermitteln Sie die Kostendeckung.

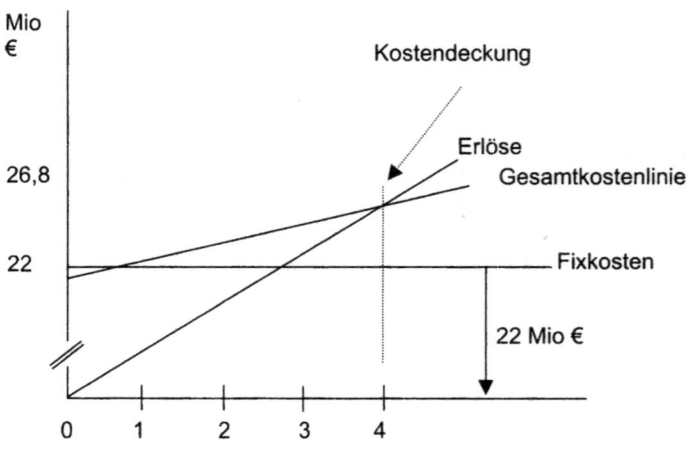

Abbildung 66: Break-even-Punkt Beispiel "Abwasser"

Unterstellt man, dass die Kläranlage noch Kapazität zur Reinigung von Abwasser vorhält, so wäre dies ein Anlass nach weiteren Anlieferkunden (Gemeinden) zu suchen.

Überlegen Sie, wie würde sich der Break-even-Punkt verschieben, würde die Menge um 20% erhöht und welches wäre der kostendeckende Preis?

X. Prozesskostenrechnung

Durch nicht verursachungsgerechte Kostenumlagen können Fehler in der Preis- bzw. Produktpolitik entstehen. Dies beruht auch auf einer Verschiebung der Einzelkosten zu den Gemeinkosten hin. Dies ist wiederum auf den gestiegenen Umfang an vorbereitenden, steuernden und überwachenden Tätigkeiten zurückzuführen.

Die Größenproportionen zwischen Einzel- und Gemeinkosten hat sich verschoben. Die Frage der Relation der Veränderung kann dadurch zu Fehleinschätzungen führen. Dies Problem wird allein durch das Ausweichen auf die Teilkostenrechnung nicht gelöst. Die Zurechnung von Gemeinkosten wird von den belasteten Kostenstellen hinterfragt, weil sie unter Umständen die Höhe nicht verursacht haben, sondern für andere Betriebsteile erbracht wurden. Deshalb wird es notwendig sein zu prüfen, welche Abläufe bzw. Prozesse sich im Laufe der Zeit entwickelt bzw. verändert haben. Dazu zählt auch, dass Technologiekosten (z.B. Abschreibung für Computer, Zinsen, Energie etc.) verhältnismäßig stärker als Kostenfaktor zu sehen sind, als dies früher der Fall war. Das bedeutet, dass die Lohneinzelkosten als Zuschlagsbasis sich immer weniger eignen.

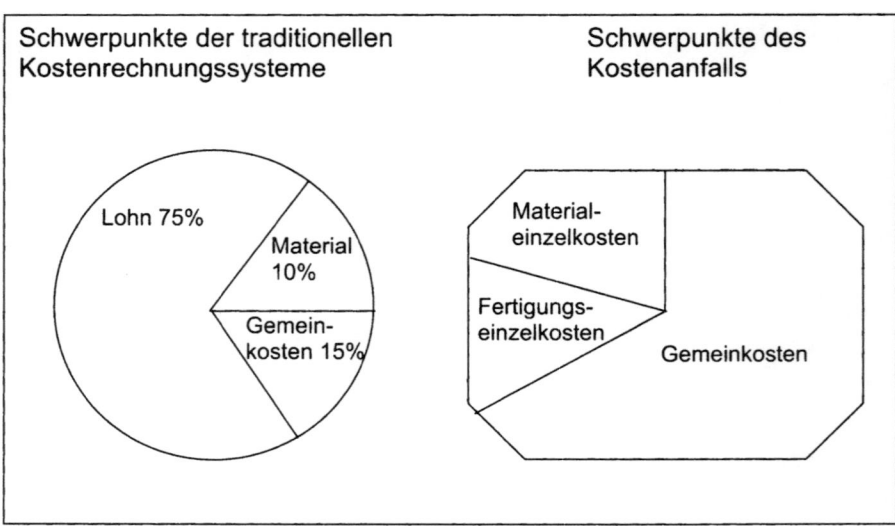

Abbildung 67: Verschiebung Kostenzusammensetzung

Dadurch kann es gleichfalls zu einer Fehlverrechnung von Gemeinkosten kommen, insbesondere dann, wenn die Technologie einen starken Einfluss auf die Produktion hat.

Die Prozesskostenrechnung ist für die Verwaltung ebenfalls sehr interessant, weil dem hohen Anteil an Gemeinkosten standardisierte Tätigkeiten mit relativ kleinen Entscheidungsspielräumen gegenüberstehen. Dadurch fehlt eine geeignete Zuschlagsgrundlage.

Die Prozesskostenrechnung soll dabei helfen, die Gemeinkostenbereiche fundierter zu planen, zu steuern und dem Kostenträger exakter d.h. verursachungsgerechter zuzuordnen, in dem bei der Kalkulation nicht nur die Einzel- sondern auch die Gemeinkosten den Leistungen entsprechend ihrem tatsächlichen Beitrag zugerechnet werden. Deshalb muss Licht in die Gemeinkostenstruktur gebracht werden und die Auslöser der Prozesse benannt werden. Die Kostentreiber (cost driver), die dazu führen betrieblich bedingte und mit Kosteninformationen unterfütterbare Aktivitäten in Gang zu setzen, sind zu ermitteln.

Die Prozesskosten und die Prozessmengen sind zu definieren damit durch Gegenüberstellung dieser beiden Größen sogenannte Prozesskostensätze gebildet werden können.

$$\text{Prozesskostensatz} = \frac{\text{Prozesskosten}}{\text{Prozessmenge}} = \text{Kosten je Prozessmenge}$$

Es muss weiter unterschieden werden in „leistungsmengenneutrale" Kosten (z. B. „Abteilung leiten") und in „leistungsmengeninduzierte" Kosten (z. B. die Zahl der zu bearbeitenden Fälle). Die leistungsmengenneutralen Kosten werden wie bisher mit prozentualen Zuschlagssätzen auf die Produkte verrechnet. Die mengeninduzierten Kosten werden mit den entsprechenden Prozesskosten verrechnet.

$$\text{Umlagesatz} = \frac{\text{Prozesskosten (lmn)}}{\text{Prozeßkosten (lmi)}} \cdot 100$$

Beispiel

Die Funktionsanalyse der Kostenstelle Rechnungsprüfung hat ergeben, dass sich in dieser Stelle drei Arten von Prozessen unterscheiden lassen, die entweder von der Art der Prüfung oder von der Zahl der unterschiedlichen Prüfungsvorgänge abhängen. Die jeweiligen Mengen und die geschätzten Varianten der unterschiedlichen Vorgänge enthält die nachfolgende Tabelle:

	Planprozess-menge	Geplante Gesamtkosten €	Ausbringungs-abhängige Menge (lmn)	Varianten-Zahl abhängige Menge (lmi)
Visaprüfungen	1 000	20 000	90%	10%
Lohn- und Gehaltsfestsetzung	3 000	6 000	100%	0%
Jahresprüfung	200	40 000	20%	80%
Kostenstellenleitung		33 000		

a) Wie hoch sind die Plankostenprozesssätze entsprechend der Leistung für jeden dieser Prozesse?
b) Wie hoch sind die Gesamtkostensätze dieser drei Prozesse?

Daraus ergibt sich folgendes Bild:

	Planprozessmenge	Gesamtkosten €	Planprozesskostensatz (lmn) €	Umlagesatz €	Gesamtprozesskostensatz €	Ausbringungsabhängige Menge	Variantenzahlabhängige Menge
Visaprüfungen	1 000	20 000	20,00	10,0	30,0	90%	10%
Lohn- und Gehaltsfestsetzung	3 000	6 000	2,00	1,0	3,0	100%	0%
Jahresprüfung	200	40 000	200	100,0	300,0	20%	80%
Kostenstellenleitung		33 000					

$$\frac{33\ 000}{20\ 000 + 6\ 000 + 40\ 000} = 0,5 \rightarrow \text{jeweils multipliziert mit Plankostensatz}$$

In der Planung für das kommende Jahr werden insgesamt 4 000 Einheiten zugrunde gelegt. In der Variante A werden bei der Lohn- und Gehaltsfestsetzung 2 500 Einheiten und in der Variante B für die Visaprüfungen 1 500 Einheiten zugrundgelegt.

Wie verändern sich die Kosten für eine Einheit jeder Variante?

Prozess	Ausbringungs-abhängige Prozesskosten pro Einheit	Variantenabhängige Prozesskosten pro Einheit	
		Variante A	Variante B
Visaprüfungen			
Jahresprüfung			
Kostenstellen-leitung			

XI. Eignung von Kostenrechnungssystemen

Welches System eignet sich für die einzelnen Aufgaben?

Kalkulation *Entgelt*	Vollkostenrechnung
Kalkulation *Gebühr*	Vollkostenrechnung
Kalkulation interner Verrechnungssätze – vollkostendeckend – teilkostendeckend	Vollkostenrechnung Teilkostenrechnung
Wirtschaftlichkeitskontrolle in Bezug auf – Kostenstellen	Kostenstellenrechnung / BAB; nur Kostenstellenkosten und -erlöse entsprechend der Kostenverantwortung
– Kostenträger	Teilkostenrechnung als Deckungsbeitragsrechnung; nur die entscheidungsrelevanten Kosten werden einbezogen (relative Einzelkostenrechnung)
– Prozesse	Prozesskostenrechnung
Abbaubarkeit von Kosten	Teilkostenrechnung mit variablen Kosten (relative Einzelkostenrechnung, Rechnung mit variablen und fixen Kosten); Gliederung der Fixkosten in Monats-, Quartals- und Jahresfixkosten
Interkommunale Kostenvergleiche	Vollkosten (unabhängig davon, wie die Komponenten selbst kalkuliert sind, z.B. Normalkosten bei Personal)

Abbildung 68: Eignung von Kostenrechnungssystemen

Literatur

Bähr, Uwe: Controlling in der öffentlichen Verwaltung, Sternenfels 2002

Coenenberg, Adolf G.: Kostenrechnung und Kostenanalyse, 4. Aufl., Landsberg am Lech 1997

Däumler, Klaus-Dieter / Grabe Jürgen: Kostenrechnung 1 – Grundlagen, nwb, 8. Aufl., Herne/Berlin 2000

Däumler, Klaus-Dieter / Grabe Jürgen: Kostenrechnung 2 – Deckungsbeitragsrechnung, nwb, 6. Aufl., Herne/Berlin 1997

Eisele, Wolfgang: Technik des betrieblichen Rechnungswesens – Buchführung, Kostenrechnung, Sonderbilanzen, 6. Aufl., München 1999

Hieber, Fritz: Öffentliche Betriebswirtschaftslehre, Grundlagen für das Management in der öffentlichen Verwaltung, 3., überarb. u. erw. Aufl., Sternenfels – Berlin 1999

Hieber, Fritz: Strategisches Controlling in der Kommunalverwaltung, 2001 in: Meurer, Stephan, Rechnungswesen und Controlling in der öffentlichen Verwaltung – Grundlagen, Beispiele und Erfahrungsberichte für die Verwaltungspraxis, Freiburg 1999 ff.

Innenministerium Baden-Württemberg: Leitlinien zur kommunalen Kostenrechnung in Baden-Württemberg

Jorasz, William: Kosten- und Leistungsrechnung, Einführung mit Aufgaben und Lösungen, 2., überarb. Aufl., Stuttgart 2000

Kommunale Gemeinschaftsstelle für Verwaltungsvereinfachung, Köln: Bericht. Nr. 5/1997 – KGSt-Produktbuch für Gemeinden, Städte und Kreise

Kommunale Gemeinschaftsstelle für Verwaltungsvereinfachung, Köln: Bericht Nr. 6/1998 – Verwaltungsinterne Leistungsverrechnung –

Kommunale Gemeinschaftsstelle für Verwaltungsvereinfachung, Köln: Bericht Nr. 1/1999 – Abschreibungssätze in der Kommunalverwaltung –

Meurer, Erik u. Stephan, Günter: Rechnungswesen und Controlling in der öffentlichen Verwaltung – Grundlagen, Beispiele und Erfahrungsberichte für die Verwaltungspraxis, Freiburg 1999 ff.

Olfert, Klaus: Kostenrechnung, 11. Aufl., Ludwigshafen 1999

Schweitzer, Marcell / Küpper, Hans-Ulrich: Systeme der Kosten- und Erlösrechnung, 6. Aufl., München 1995

Anhang

Anhang 1: Beispiel einer Produktbeschreibung nach KGSt-Bericht 5/1997
Anhang 2: Abschreibungssätze nach KGSt-Bericht 1/1999
Anhang 3: Kostenstellenplan eines Kreiskrankenhauses
Anhang 4: Beispiel für kommunalen BAB „Jugendmusikschule"
Anhang 5: Beispiel für kommunalen BAB „Bestattungswesen"
Anhang 6: Gebührenkalkulation Eigenbetrieb „Abwasser"
Anhang 7: Betriebsergebnisrechnung Eigenbetrieb „Abwasser"

Anhang 1: Beispiel einer Produktbeschreibung nach KGSt-Bericht 5/1997

Produktplan Einwohnerwesen, Personenstand

Produktbereich 33.1 Einwohnerwesen

- Produktgruppe 33.1.1 Einwohner- u. Staatsangehörigkeit
- Produktgruppe 33.1.1.1 Meldeangelegenheiten
- Produktgruppe 33.1.1.2 Ausweis- und sonstige Dokumente
- Produktgruppe 33.1.1.3 Regelung der deutschen Staatsangehörigkeit

- Produktgruppe 33.1.2 Regelung des Aufenthalts von Ausländern
- Produktgruppe 33.1.2.1 Aufenthaltsregelung von Ausländern aus EU-Staaten
- Produktgruppe 33.1.2.2 Aufenthaltsregelung von Ausländern aus Staaten außerhalb der EU
- Produktgruppe 33.1.2.3 Aufenthaltsregelung von Asylbewerbern

- Produktgruppe 33.1.3 Wahlen
- Produktgruppe 33.1.3.1 Wahlen zu den einzelnen Parlamenten

Produktbereich 34.1 Personenstand

- Produktgruppe 34.1.1 Beurkundung des Personenstandes, Namensänderungen
- Produktgruppe 34.1.1.1 Beurkundung von Geburten und Sterbefällen
- Produktgruppe 34.1.1.2 Eheschließungen
- Produktgruppe 34.1.1.3 Sonstige Beurkundungen und öffentliche Beglaubigungen
- Produktgruppe 34.1.1.4 Behördliche Namensänderungen

Produktbereich	Produktgruppe	Produkt	Leistungen	Erläuterungen
33.1 Einwohnerwesen	33.1.1 Einwohner- und Staatsangehörigkeitsangelegenheiten	33.1.1.1 Meldeangelegenheiten	An-, Ab- und Ummeldungen sowie Berichtigungen zum Melderegister; Auskünfte und Bescheinigungen aus dem Melderegister, Aufenthaltsermittlung Ausstellung/Änderung bzw. Ersatz von Lohnsteuerkarten; Bescheinigung über die Nicht-Ausstellung Wehrerfassung; Nacherfassung; Anträge auf UK-Stellungen	Das Melderegister ist kein Produkt; es entseht aufgrund von An-, Ab- und Ummeldungen sowie Berichtigungen. Es ist Grundlager weiterer Produkte des Produktbereichs 33.1 und anderer Produktbereiche. Auswertungen des Melderegister unter bestimmten Aspekten (z.B. Erfassen aller in einem bestimmte Zeitraum schulpflichtigen Kinder) sind anderen Produktplänen zugeordnet.
		33.1.1.2 Ausweis- und sonstige Dokumente	Ausweise Annahme und Weiterleitung von Anträgen für Führungszeugnisse;	
		33.1.1.3 Regelung der deutschen Staatsangehörigkeit	Feststellung der deutschen Staatsangehörigkeit; Feststellung der Rechtsstellung als Deutsche; Staatsangehörigkeitsausweise; Mitwirkung bei Einbürgerungen (Ermessenseinbürgerungen, Anspruchseinbürgerungen)	
	33.1.2 Regelung des Aufenthalts von Ausländern	33.1.2.1 Aufenthaltsregelung von Ausländern aus EU-Staaten	Erteilung und Verlängerung von Aufenthaltsgenehmigungen, Passnachschau	

Anhang 2: Abschreibungssätze in der Kommunalverwaltung: Tabelle zum KGST-Bericht 1/1999

B 11/1 J9 KGSt
Stand: 16.02.1999

Gruppe	Vermögensgegenstand	Nutzungsdauer (ND) i. J. ND von	ND bis	Lineare Abschreibung v. H. von	bis	Produktbereich
1.0.	Abwasserhebeanlagen, baulicher Teil.	30	40	2,5	3,3	Stadtentwässerung
1.0.	Abwasserkanäle	50	100	1,0	2,0	Stadtentwässerung
1.0.	Abwasserreinigungsanlagen, mechanische Stufe, baulicher Teil:	30	40	2,5	3,3	Stadtentwässerung
1.0.	Abwasserreinigungsanlagen, biologische Stufe, baulicher Teil:	30	40	2,5	3,3	Stadtentwässerung
1.0.	Aufenthaltsgebäude Holzkonstruktion	20	30	3,3	5,0	Allgemein
1.0.	Aufenthaltsgebäude, massiv	80	100	1,0	1,3	Allgemein
1.0.	Aufenthaltsgebäude, teilmassiv	40	60	1,7	2,5	Allgemein
1.0.	Badeanstalten, künstl. angelegte Badebecken	30	40	2,5	3,3	Sport
1.0.	Badehallen und -häuser, massiv	80	100	1,0	1,3	Sport
1.0.	Badehallen und -häuser, teilmassiv	40	60	1,7	2,5	Sport
1.0.	Badekabinen, Holzkonstruktion	20	30	3,3	5,0	Sport
1.0.	Badekabinen, massiv	80	100	1,0	1,3	Sport
1.0.	Badekabinen, teilmassiv	40	60	1,7	2,5	Allgemein
1.0.	Baracken, Holzkonstruktion	20	30	3,3	5,0	Allgemein
1.0.	Baracken, teilmassiv	40	60	1,7	2,5	Allgemein
1.0.	Baulicher Teil Kompostieranlage	25	30	3,3	4,0	Abfallwirtschaft
1.0.	Bürogebäude, massiv	80	100	1,0	1,3	Allgemein
1.0.	Bürogebäude, teilmassiv	40	60	1,7	2,5	Allgemein
1.0.	Eingangshallen (Freibäder)	40	60	1,7	2,5	Sport
1.0.	Eislaufhallen	30	40	2,5	3,3	Sport
1.0.	Fahrzeughallen, Holzkonstruktion	20	30	3,3	5,0	Fuhrpark
1.0.	Fahrzeughallen, massiv	80	100	1,0	1,3	Fuhrpark
3.0.	Saugschläuche	8	12	8,3	12,5	Brandschutz
3.0.	Schaufeltragen	8	10	10,0	12,5	Rettungsdienst
3.0.	Scheinwerfer	8	12	8,3	12,5	Allgemein
3.0.	Schiebeleiter	10	15	6,7	10,0	Brandschutz
3.0.	Schilder (Verkehrs- u. sonstige Hinweisschilder)	15	20	5,0	6,7	Verkehrsflächen
3.0.	Schlaghammer	6	8	12,5	16,7	Verkehrsflächen
3.0.	Schlammbehandlung, Gasspeicherung u. -verwertung, Gasbehälter	17	25	4,0	5,9	Stadtentwässerung
3.0.	Schlauchhaspel	8	10	10,0	12,5	Brandschutz
3.0.	Schleifbock	10	15	6,7	10,0	Grünflächen
3.0.	Schleifmaschinen, stationär	10	15	6,7	10,0	Werkstätten
3.0.	Schleifmaschinen, mobil	8	10	10,0	12,5	Werkstätten
3.0.	Schneeketten	8	12	8,3	12,5	Allgemein
3.0.	Schneepflüge	10	12	8,3	10,0	Straßenreinigung
3.0.	Schneeräumschild	10	12	8,3	10,0	Straßenreinigung
3.0.	Schneidgerät	8	10	10,0	12,5	Brandschutz
3.0.	Schneidemaschine	8	12	8,3	12,5	Druckerei
3.0.	Schutzanzug (Chemie)	3	5	20,0	33,3	Brandschutz
3.0.	Schweißgeräte	6	10	10,0	16,7	Werkstätten
3.0.	Sehtestgerät (Schnelltester)	8	10	10,0	12,5	Gesundheitswesen
3.0.	Sehtestgerät (Nykometer)	12	15	6,7	8,3	Gesundheitswesen
3.0.	Siebdruckanlage	15	20	5,0	6,7	Druckerei
3.0.	Sicherheitslaufroste	10	12	8,3	10,0	Grünflächen
3.0.	Silostreugerät	8	12	8,3	12,5	Straßenreinigung
3.0.	Spielgeräte (Wippe, Rutsche, Schaukel, Klettergeräte usw.)	8	12	8,3	12,5	Grünflächen

Anhang 3: Kostenstellenplan eines Kreiskrankenhauses

Kostenstellenplan Klinik

Nr.	Unter-Nr.	Bezeichnung
90		Gemeinsame Kostenstellen
900		Gebäude einschl. Grundstück und Außenanlagen
900	0010	Krankenhausgebäude und Grundstück
900	1090	Verwaltungs- und Wirtschaftsgebäude
900	2060	Gemeinschaftsgebäude
900	3030	Außenanlagen
901		Leitung und Verwaltung des Krankenhauses
901	0080	Allgemeiner Krankenhausbetrieb
901	1050	Verwaltungsdirektion
901	2020	Abteilung für Organisation, Beschaffungswesen
901	2370	Datenverarbeitung
901	2810	Patientenaufnahme
901	2800	Medizinische Dokumentation
901	3000	Abteilung für Personal- und Bauangelegenheiten
901	4070	Finanzabteilung
901	5040	Pflegedienstleitung
901	5400	Qualitätsmanagement
901	6010	Zentrallager
901	6030	Pforte und Telefonzentrale
902		Werkstätten
902	1010	Werkstatt
902	2090	Medizintechnik
902	3060	Fuhrpark
902	4030	Müllbeseitigung
902	5000	Anlagenpflege
904		Personaleinrichtungen (für den Betrieb unerläßlich)
904	1040	Soziale Einrichtungen (Bereitschaftsdiensträume etc)
904	2010	Betriebsarzt. Dienst, Personaluntersuchung
904	3090	Personalrat
905		Aus-, Fort- und Weiterbildung
905	1000	Krankenpflegeschule
905	2080	Innerbetriebliche Fort- und Weiterbildung
906		Sozialdienst, Patientenbetreuung
906	1070	Sozialdienst, Patientenbetreuung
906	2040	Kirchliche Einrichtungen
906	3010	Krankenhausfunk

Kostenstellenplan Klinik

Nr.	Unter-Nr.	Bezeichnung
91		Versorgungseinrichtungen
910		Speisenversorgung
910	1040	Küche
910	2010	Speisesaal, Cafeteria
911		Wäscheversorgung
911	1000	Wäscherei, Fremdleistung
911	2080	Bettenvorrat, Bettenzentrale
912		Reinigungsdienst
912	1070	Hauswirtschaft, Eigenreinigung
913		Versorgung mit Energie, Wasser, Brennstoffen
913	1030	Wärme- und Dampfversorgung
913	2000	Strombezug und -verteilung
913	3060	Zentrale medizinische Gasversorgung
913	4050	Lüftungs- und Klimaanlage
913	5020	Zentrale Leittechnik
913	6000	Wasserbezug, Aufbereitung und Verteilung
913	7070	Notstromanlage
914		Innerbetriebliche Transporte
914	1000	Hol- und Bringdienst
915		Hygiene
915	1060	Hygienedienst
92		Medizinische Institutionen
920		Röntgendiagnostik und -therapie
920	1000	Röntgendiagnostik und -therapie
921		Nuklearmedizin und -therapie
921	1050	Nuklearmedizin und -therapie
922		Labor
922	1020	Labor
923		Endoskopie
923	1080	Endoskopie

Kostenstellenplan Klinik

Nr.	Unter-Nr.	Bezeichnung
925		Anästhesie und OP-Einrichtungen
925	1010	Anästhesie
925	2090	OP - Bereich
925	3060	HNO - OP
925	4030	Kreißsaal
925	5000	Sterilisation
926		Physikalische Therapie
926	1080	Physikalische Therapie, Krankengymnastik
928		Pathologie
928	1000	Prosektur
929		Untersuchungs- und Behandlungsbereiche mit stationären und ambulanten Leistungen einschl. Sekretariat
929	1070	Gemeinsamer Bereich Innere
929	2040	Gemeinsamer Bereich Chirurgie
929	3010	Gemeinsamer Bereich Gynäkologie
929	4090	Gemeinsamer Bereich Anästhesie
929	5060	Gemeinsamer Bereich Röntgen
929	6030	Gemeinsamer Bereich Nuklearmedizin
929	7000	Gemeinsamer Bereich Labor
929	8080	Gemeinsamer Bereich Physikalische Therapie
929	9050	Gemeinsamer Bereich Ärztlicher Schreibdienst
93		Pflegefachbereiche
931		Innere Medizin
931	1010	Innere Medizin - 40
931	1100	Innere Medizin - 40
931	1360	Innere Medizin - 20
931	1520	Innere Medizin - 25
941		Chirurgie
941	1070	Chirurgie - 10
941	1230	Chirurgie - 10
941	1400	Chirurgie - 15
941	1580	Chirurgie - 45
946		Gemeinsame Bereiche
946	2080	HNO/Gynäkologie Station 30

Kostenstellenplan
Klinik

951 Gynäkologie
- 951 1020 Gynäkologie
- 951 1130 Gynäkologie - 35
- 951 1290 Gynäkologie - 30
- 951 1450 Gynäkologie - Neugeborenen-Zimmer

961 HNO
- 961 1080 Abteilung für HNO - 30

966 Intensiv
- 966 1000 Intensivabteilung

97 Sonstige Einrichtungen
- 970 Personaleinrichtungen (nicht unerläßlich)
- 970 1070 Wohnbereich
- 970 2040 Appartementgebäude Richthofenstraße
- 970 3010 Schwesternhaus Eybstr. 16/2
- 970 4090 Wohngebäude Eybstr. 8 + 10
- 970 5060 Wirtschaftsgebäude Schülerinnenwohnheim 18/1
- 971 sonstige Personaleinrichtungen
- 971 1030 Kindertagesstätte

98 Ausgliederungen
- 980 Ambulanzen des Krankenhauses
- 980 1020 Krankenhausambulanz Innere Medizin
- 980 2000 Krankenhausambulanz Chirurgie
- 980 3070 Krankenhausambulanz Gynäkologie
- 980 4040 Krankenhausambulanz Röntgen
- 980 5010 Krankenhausambulanz Nuklearmedizin
- 980 6090 Krankenhausambulanz Anästhesie
- 980 7060 Physikalische Therapie
- 980 8030 Krankenhausambulanz HNO

981 Ambulanzen der Ärzte
- 981 1090 Arztambulanz Innere Medizin
- 981 2080 Arztambulanz Chirurgie
- 981 3030 Arztambulanz Gynäkologie
- 981 4000 Arztambulanz Röntgen
- 981 5080 Arztambulanz Nuklearmedizin
- 981 6050 Arztambulanz Anästhesie

Kostenstellenplan
Klinik

982 sonstige Ausgliederungen
- 982 1050 Kiosk, Cafe
- 982 2020 DRK - Notarztdienst
- 982 3000 Telefongebühren, Clubtelefon
- 982 4000 Dialyse DTZ, Dr.
- 982 4040 Schwesternhaus
- 982 4060 Schwesternhaus
- 982 4070 OP
- 982 5000 Parkplatzbewirtschaftung
- 982 6000 Sozialstation
- 982 7000

988 Sammelkostenstelle
- 988 1000 allg. Sammelkostenstelle
- 988 2070 Erträge aus der Auslösung von Sonderposten
- 988 3040 Erträge / Aufwendungen früherer Geschäftsjahre
- 988 4000 Erträge aus Umsatzboni

999 fiktive Kostenstellen
- 999 1050 Fakturierung ambulant
- 999 2020 Fakturierung stationär
- 999 3000 Differenzkostenstelle Inventur
- 999 9999 Differenzkostenstelle

Verteiler:
- Finanzabteilung
- Herr
- Personalabteilung
- EDV
- Beschaffung/Einkauf
- Klinik

Anhang 4: Beispiel für kommunalen BAB „Jugendmusikschule"

UA 1.3330 Hhst.	Kosten- bzw. Erträgeart	Gesamt	Abgrenzungs-rechnung	Vorkostenstellen			Hauptkostenstellen						Außenstellen		
				Gebäude	Verwaltung / Leitung	Veranstaltungen Reisen	musik. Früh-erziehung	Stadt XY Grund-unterricht	Kleingruppen-unterricht	Einzel-unterricht	musik. Früh-erziehung	Grund-unterricht	Kleingruppen-unterricht	Einzel-unterricht
1	2	3	4	5	6	7	8	9	10	11	12	13	14	15
	I. Erlöse													
110000	Unterrichtsgebühren	1.109.165,31					73.411,83	112.209,80	22.822,33	665.651,33	27.767,17	41.460,57	21.395,94	144.446,34
111000	Konzert des Jugendorchesters	2.339,00				2.339,00								
113000	Teilnehmerentgelte	31.242,50				31.242,50								
114000	Seminarentgelte	10.425,00				10.425,00								
115000	Entgelte f. musikalische Umrah.	7.900,00				7.900,00								
116000	sonstige Erlöse	649,60				649,60								
141000	Nutzungsentg. d. Lehrkräfte	0,00		0,00										
150000	Erstattg. f. Zimmertheater	0,00												
151000	Erstatt. f. Leistungen	2.398,94		2.398,94										
152000	Ersatz v. Geschäftsausgaben	0,00					0,00	0,00	0,00	0,00	0,00	0,00	0,00	0,00
16000	Rückerstatt. v. Zuweizah.	167,00					11,05	16,66	3,44	100,22	4,18	6,24	3,22	21,75
162000	Erstattungen von Gemeinden	74.915,00									3.840,00	8.720,00	3.750,00	47.334,00
169000	Leistungsverrechnung von Querschn.	0,00										0,00		0,00
170000	Zuschuss des Deutschen Musik	4.500,00				4.500,00								
171000	Zuwendungen vom Land	233.193,00					11.023,40	21.413,63	4.956,92	150.368,95	4.169,47	7.912,16	3.874,15	29.472,31
172000	Zuwendungen vom Landkreis	15.000,00				15.000,00								
176000	Spenden v. priv. Untern.	15.000,00				15.000,00								
177000	Auflösung Zuweis. v. Zusch.	21.935,17		16.571,67					113,56	1.774,69			88,73	347,84
	Gesamterlöse	1.518.830,52	0,00	18.970,61	0,00	77.156,10	84.446,29	133.640,32	27.898,28	817.895,20	37.780,82	58.098,97	29.112,04	221.822,24
	II. Kosten													
41000	Vergütung für Angestellte	1.225.695,35		17.818,41	154.440,36		49.797,62	96.734,90	22.401,63	679.283,49	18.835,37	35.742,73	17.501,27	133.139,56
41600	Beschäftigungsentgelte	393.518,16					18.602,23	36.135,96	8.368,28	253.750,62	7.036,08	13.351,93	6.637,72	49.735,16
42000	Umlage ZvK Angestellte	66.635,06		920,46	8.235,75		2.811,66	5.461,82	1.264,83	38.353,52	1.063,48	2.018,10	988,15	7.517,29
44000	Sozialvers. Angestellte	267.736,15		3.849,69	25.064,51		11.269,49	21.930,53	5.078,62	153.998,65	4.270,12	8.103,14	3.967,67	30.183,73
44500	Beihilfen	432,31		21,01	174,10		59,43	115,45	26,73	810,58	22,48	42,66	20,89	158,89
46000	Personalnebenausgaben	0,00												
	Personalkosten	1.955.037,03		22.609,57	185.914,72	0,00	82.560,43	160.378,65	37.140,09	1.126.197,15	31.227,52	59.258,55	29.015,70	220.734,64
50001	Gebäude- u. Grundstücksunterhalt	21.215,69		21.215,69										
50002	Arbeitsgeräte, Werkzeuge	0,00						0,00	0,00	0,00	0,00	0,00	0,00	0,00
50002	Einrichtungsgegenstände	2.040,11					297,19	454,26	49,28	769,93	112,17	167,84	38,50	150,91
50003	Büromaschinen und Geräte	1.521,55					221,63	336,76	36,75	574,17	83,83	125,17	28,71	112,54
50004	Schulmaschinen	18.807,71					2.739,54	4.187,38	454,22	7.097,25	1.036,20	1.547,20	354,86	1.391,06
30005	Saalmieten	6.651,80				6.651,80								
51000	Kopiermieten	1.475,48		1.475,48										
54001	Miete u. Unterh. d. Fernsprecha.	0,00		0,00										
54100	Reinigung, Entsorgung, Heiz.	46.801,99		46.801,99										
54300	Abgaben, Entgelte	5.697,49		5.697,49										
54300	Versicherungen	596,27		596,27										
56000	Gebäudebrandversicherung	1.769,40		1.769,40										
43	Aus- u. Fortbildung	3.148,58			1.650,00		70,84	137,61	31,87	966,31	26,79	50,85	24,90	189,40
47000	Betriebsausfw., Umw.erford.	24.806,29					3.584,16	5.478,38	594,27	9.285,39	1.355,67	2.024,22	464,27	1.819,94
65000	Sonderveranstaltungen	37.662,68				37.662,68								
61000	Werbung	34.606,58				27.650,66	1.012,27	1.547,25	167,84	2.822,45	362,88	577,69	131,12	514,00
61000	Verfielfältigungen (Fessschr.)	8.604,92				8.604,92								
61000	Konzertreisen, Proben, Exkursionen	66.387,66				66.387,66								
64000	Steuern, Versicherungen	7.047,05		81,50			297,59	578,09	133,67	4.056,45	112,56	213,50	104,59	795,65

49	64.3000	Steuern				27,50						
50	64.4000	Versicherungen		7.261,88			1.057,77		175,38	2.740,33	400,09	597,39	137,02	537,11
51	64.5000	Schadensfälle		0,00			0,00		0,00	0,00	0,00	0,00	0,00	0,00
52	65.0001	Bürobedarf		4.768,33										
53	65.0002	Bücher, Zeitschriften		500,25			72,87		12,08	188,77	27,56	41,15	9,44	37,00
54	65.0003	Öffentliche Bekanntmachungen		0,00		0,00								
55	65.0004	Dienstreisen		31.021,13			1.468,42		2.848,51	659,67	20.003,24	354,66	1.052,54	515,37	3.920,63
56	65.0007	Postgebühren		3.550,70										
57	66.0004	Mitgliederbeiträge		1.322,70										
58	66.1000	Hygienische Ausgaben		3.769,31			549,04		639,20		1.422,38	207,67	310,08	71,12	278,79
59	66.8000	Leistungsverr. Querschnittsverw.		164,75										
60	67.9000	Leistungsverr. Erhalt. (Bauhof, Funn.)		44.066,78										
61	67.9100	Inn. Erstatt. (Bauhof, Funn.)		2.453,94		1.003,62			91,03					
62	67.9300	Leistungsverr. EDV		7.626,25										
63	67.9400	Leistungsverr. Zentr. Dienste		1.450,32										
64	67.9500	Leistungsverr. Besch. u. Kopierst.		26.726,63										
65	67.9600	Leistungsverr. Besch. u. Kopierst.		10.417,88										
66	68.1000	Abschreibung Gebäude		93.330,16					680,81		10.637,66	100,58	190,06		
67	68.2000	Absch. beweg. Sachen		29.521,74		15.566,36			1.767,83		27.622,30			531,86	2.064,99
68	68.5000	Verzinsung Anlagekapital		175.034,11		2.574,66			119,62		3.627,24			1.381,12	5.413,97
69	71.1000	Zuweisungen u. Zuschüsse		5.627,15			285,91		516,55					93,45	710,94
		Sach- u. kalkulator. Kosten	0,00	735.914,80	307.217,05	120.602,66	11.635,22		18.654,25	4.974,51	91.616,92	4.400,89	6.892,59	3.866,34	17.956,91
70		Summe Kosten	0,00	2.690.951,63	329.826,62	306.517,38	94.195,65		179.032,91	42.114,80	1.217.814,07	35.628,41	66.151,14	32.902,04	238.691,56
71		Differenz Kosten – Erlöse	0,00	1.172.021,11	310.856,01	306.517,38									
72		Umlage VorkoSt. Gebäude	(5% Verw. Rest Standenzahl KGf£)		-310.856,01	15.542,80	14.765,19		14.427,52	6.601,47	225.429,93	5.584,76	11.271,50		44.164,27
73		Umlage VorkoSt. Verwaltung	(Summe Kosten)		-322.060,78	23.211,14			28.063,45		190.692,61	41.213,17	10.369,21	5.157,40	37.414,95
74		Gesamtkosten	0,00	2.690.951,63	18.970,61	171.288,38	108.940,84		207.096,35	63.143,59	1.634.136,62	41.213,17	78.520,35	49.339,94	320.290,77
75															
76		Überschuß/Abmangel	0,00	1.172.021,11	0,00	94.132,28	24.514,55		73.456,03	35.245,33	816.241,42	3.432,34	18.421,38	20.218,89	98.668,53
77		Kostendeckungsgrad		56,45%		45,04%	77,50%		64,53%	44,18%	50,05%	91,67%	75,33%	59,01%	69,19%

117

Anhang 5: Beispiel für kommunalen BAB „Bestattungswesen"

Plan-Betriebsabrechnungsbogen 2001 Bestattungswesen

1. Zuordnung der Kostenarten zu den Kostenstellen

Zeile	Grupp.	Kostenart	Haushalts-plan 2001	Abgrenzung	Kalkulations-fähige Kosten	Verwaltung und Bestattungs-ordner	Erdbestat-tung	Feuerbestat-tung	Krema-torium	Feierhallen	Leichen-hallen	Friedhofs-unterhal-tung	Leichen-transport	Hilfs-, Neben-gebäude
0	1	2	3	4	5	6	7	8	9	10	11	12	13	14
1	414000.6	Pers.ausg Angestellte	196.545,00	9.827,25	186.717,75	154.504,46			12.885,32	7.026,40	7.026,40	19.327,97		
2	435000.0	Pers.ausgaben Arbeiter	1.038.175,00	12.466,17	1.025.708,83	6.355,30	328.642,11	129.599,31	96.095,67	7.026,40	7.026,40	411.652,21	5.524,23	33.787,20
3	446000.0	Gemeindeunfallversicherung	0,00	0,00	0,00		0,00	0,00	0,00	0,00	0,00	0,00	0,00	0,00
4	460000.7	Pers.ausg. Leichenträger	10.000,00		10.000,00		10.000,00							
5		**PERSONALKOSTEN**	1.244.720,00	22.293,42	1.222.426,58	160.859,76	338.642,11	129.599,31	108.980,98	14.052,80	14.052,80	430.980,18	5.524,23	33.787,20
6	5010000.9	Gebäudeunterhaltung	105.790,00	250,00	105.540,00	5.277,00			42.216,00	12.664,80	18.997,20	10.554,00		15.831,00
7	511000.0	Unterhaltung der Wege	184.680,00	4.617,00	180.063,00							180.063,00		
8	512000.9	Unterh. stillgel. Gräber	850,00		850,00									
9	520001.0	Arbeitsgeräte, Werkzeuge	3.900,00	42,75	3.857,25		1.735,76	192,86	64,29	64,29	64,29	1.735,76		
10	520002.9	Einrichtungsgegenstände	4.180,00		4.180,00	2.090,00				1.881,00				209,00
11	520003.7	Büromasch.- u. Geräte	500,00		500,00	500,00								
12	531000.2	Kopierkosten	1.250,00		1.250,00	1.250,00								
13	534000.9	Fernsprechanlage	500,00		500,00	500,00								
14	541000.7	Reinigung, Heizung, …	84.550,00		84.550,00	2.536,50			2.536,50	12.682,50	11.837,00	10.554,00		54.957,50
15	542000.2	Abgaben, Entgelte,…	37.980,00		37.980,00									37.980,00
16	543000.8	Versicherungen	1.000,00		1.000,00				1.000,00					
17	545000.9	Gebäudebrandversicherung	3.900,00		3.900,00	117,00			1.443,00	1.170,00	780,00			390,00
18	560000.6	Dienstkleidung	9.000,00		9.000,00			4.950,00						
19	561006.6	Schutzkleidung	2.500,00	30,02	2.469,98	15,30	791,39	312,08	231,41	64,29	16,92	991,29	13,30	81,36
20	562001	Aus- u. Fortbildung	300,00		300,00	300,00								
21	572014	Feuerbestattungsanlage	0,00		0,00			0,00						
22	572022	Grababerstattung	350,00		350,00		350,00							
23	572030	sonst. Aufwand	48.000,00	780,00	47.220,00		11.805,00	4.722,00				30.693,00		0,00
24	572004.9	Umenbeschaffung	15.000,00	2.250,00	12.750,00			450	12.300,00					
25	572100.2	Einmessungen, Kartierung	500,00		500,00							500,00		
26	572200.9	Betr.aufw. Krematorium	55.550,00		55.550,00				55.550,00					
27	572400.1	Pflege der Grünanlagen	6.500,00		6.500,00							6.500,00		
28	572400.5	Volkstrauertag	3.450,00	3.450,00	0,00									
29	624100.4	Pflege von Kriegsgräbern	1.750,00	1.750,00	0,00									
30	624200.0	Pflege v. israel. Gräbern	1.500,00	1.500,00	0,00									
31	624300.7	Pflege v. Stift.gräbern	2.450,00	2.450,00	0,00									
32	640000.5	Steuern, Versicherungen	4.000,00	72,22	3.927,76	521,12	1.064,67	419,85	353,05	22,76	22,76	1.396,20	17,90	109,46
33	643001.0	Steuern	1.500,00	27,08	1.472,92	195,42	399,25	157,44	132,40	8,54	8,54	523,58	6,71	41,05
34	644000.7	Versicherungen	9.000,00	126,39	8.873,61	911,96	3.863,17	734,74	617,85	39,83	39,83	2.443,36	31,32	191,55
35	650001.8	Bürobedarf	2.450,00		2.450,00	2.450,00								
36	650002.6	Bücher, Zeitschriften	300,00		300,00	300,00								
37	650003.4	Offentl. Bekanntm.	2.550,00		2.550,00	2.550,00								
38	650004.2	Dienstreisen	950,00		950,00	950,00								
39	650005.7	Sachverständiger	500,00		500,00	500,00								
40	650006.2	Kosten der EDV	2.100,00		2.100,00	2.100,00								
41	650007.0	Postgebühren	500,00		500,00	500,00								
42	650008.5	Mitgl.beitr. Kriegsopfer	350,00	350,00	0,00									
43	661000.0	Vermischte Ausgaben	200,00		200,00	200,00								
44	668000.8	I.V. Bauhof und Fuhrpark	89.300,00	1.060,00	88.240,00	441,20	31.766,40	8.824,00	441,20	441,20	441,20	41.914,00	3.529,60	441,20
45	679200.0	I.V. Kompostplatz	38.000,00	950,00	37.050,00							37.050,00		
46	679400.3	Leistungsverr. EDV	2.450,00		2.450,00	2.450,00								
47	679500.0	Leistungsverr. Zentr. Dienste	12.600,00		12.600,00	12.600,00								
48	679500.6	Leistungsverr. Kopierstelle	1.450,00		1.450M									
49	679000.8	Innere Verrechnungen	132.050,00	2.844,96	129.205,04	13.382,96	26.190,75	9.983,33	14.930,06	2.457,83	2.604,96	49.487,25	605,73	9.562,19
50		**SACHKOSTEN**	876.180,00	23.400,42	852.779,58	54.088,46	82.016,39	30.746,30	130.815,75	32.449,67	34.812,69	363.851,44	4.204,56	119.794,31

		Afa für Gebäude und									
51	681000.9	Grundstücke	197.449,05	197.449,05		12.946,20		19.963,60	37.239,06	10.618,98	98.807,79	17.873,42
52	682000.4	Afa für bewegl. Sachen	150.459,97	150.459,97		6.070,52	14.125,38	108.079,49	5.070,44	9.788,20	5.874,28	576,41
53	685000.0	Verz. d. Anlagekap.	544.221,41	544.221,41		8.481,89	2.567,85	114.826,68	130.168,28	48.691,41	208.482,39	30.595,27
54		Zwischensumme KALK. KOSTEN	892.130,43	892.130,43	0,00	27.498,61	16.693,23	242.869,77	172.477,78	69.098,59	313.164,46	49.045,10
		direkte Stellenkosten Ausgaben	3.013.030,43	2.967.336,59	45.693,84	242.446,84	437.351,74	161.628,48	482.666,50	211.953,84	1.107.996,08	202.626,61
55	110002.0	Privatrechtliche Entgelte	2.500,00	0,00	2.500,00							9.728,78
56	140009.7	Mieteinnahmen	8.030,00	8.030,00								8.030,00
57	140009.9	Mietnebenkosten	3.080,00	3.080,00								3.080,00
58	151000.7	Ersätze für Leistungen	1.000,00	1.000,00							1.000,00	
59		Rückerstattungen von										
60	156000.4	Zuweizahlungen Enstattungen vom Land für	0,00	0,00							0,00	
61	161001.0	Kriegsopfergräber	35.000,00	35.000,00								
62	161002.8	Enstattungen vom Land für israelitische Gräber	9.200,00	9.200,00								
63	169300.0	Innere Verrechnung (Anteil offentl. Grün)	276.999,02	276.999,02							276.999,02	
64	276000.7	Auflösung v. Beiträgen	70,00	70,00		35,00			35,00			
65		Zwischensumme Einnahmen ohne Gebühren	335.879,02	289.179,02	46.700,00	35,00	0,00	0,00	35,00	0,00	277.999,02	11.110,00
66		Summe Ausg. - Einn. ohne Gebühren	2.677.151,41	2.678.157,57	-1.006,16	242.411,84	437.351,74	161.628,48	482.666,50	211.918,84	110.937,68	829.997,06	191.516,61
67		Umlage Vorkostenstelle Hilfs- u. Nebengebäude				18.743,46	33.816,35	12.497,23	37.320,12	16.385,72	8.577,78	64.175,97	
68		Gesamtsumme	2.677.151,41	2.678.157,57	-1.006,16	261.155,29	471.168,08	174.125,71	519.986,62	228.304,56	119.515,46	894.173,03	9.728,78

2. Zuordnung der Kostenstellenkosten zu den Gebührentatbeständen

69		E R D B E S T A T T U N G	781.076,89									
70		Grundgebühr Erdbestattung	41.996,59			41.996,59						
71		Grabherstellung	281.758,51				281.758,51					
72		- Zuschlag doppeltiefes Grab	24.500,74				24.500,74					
73		Trauerfeier und Beisetzung	164.908,83				164.908,83					
74		Aufbahrung im Leichenhaus	20.915,21							20.915,21			
75		Benutzung der Feierhalle	228.304,56							228.304,56			
76		Benutzung des Kühlraumes/täglich	8.963,66								8.963,66		
77		Leichentransporte	9.680,14									9.680,14	
78		Benutzung des Notsargs	48,64									48,64	
79		F E U E R B E S T A T T U N G	1.897.080,65									
80		Grundgebühr Feuerbestattung	179.985,40			179.985,40							
81		Umengrabenst u. Beisetzung	73.052,65					73.052,65					
82		Trauerfeier	75.891,38					75.891,38					
83		- Zuschlag bei Trauerfeier im SB	6.222,91					6.222,91					
84		Kremationen	504.046,71						504.046,71				
85		- Zuschlag für Metallbeschläge	3.639,91						3.639,91				
86		Aufbahrung im Leichenhaus	22.409,15							22.409,15			
87		Aschekapseln	12.300,00						12.300,00				
88		Zusatztrsch Transportkosten bei nur Kremat.	9.689,19					9.689,19					
89		Leichenhaus für ärztl. Unters.	67.227,45									67.227,45	
90		Umenversand	9.269,57					9.269,57					
91			0,00										
92		Grabnutzungsrechte	894.173,03									894.173,03	
93		Grabmalgenehmigungsgebühren	26.115,53				26.115,53						
94		Inkassoentgelte	13.057,76				13.057,76						

119

Anhang 6: Gebührenkalkulation Eigenbetrieb „Abwasser"

Kalkulation des Gebührenbedarfs 2001 – Stadtentwässerung -

Seite 7

1	Bezeichnung	Gesamt	Kanäle	Kläranlage	RÜB
2	Anteil Straßenentwässerung	3.100.000	2.069.600	475.200	555.200
3	Auflösung Beiträge	554.800	304.200	250.600	0
4	Sonstige Umsatzerlöse	1.000	0	1.000	0
5	Fäkalienannahme	5.000	0	5.000	0
6	Aktivierte Eigenleistungen	50.000	0	50.000	0
7	Auflösung Zuweisungen und Zuschüsse	2.756.200	185.700	2.354.500	216.000
8	Erstatt. v. Anschlußgemeinden u. -verbänden	1.962.200	0	1.962.200	0
9	Verrechnung der Abwasserabgabe	1.000.000	0	1.000.000	0
10	Zinserträge	60.000	25.800	24.600	9.600
11	Sonstige Erträge	30.000	0	30.000	0
12	Gesamterträge	9.519.200	2.585.300	6.153.100	780.800
13	Strom	1.025.000	0	1.000.000	25.000
15	Heizöl	70.000	0	70.000	0
14	Wasserbezug	74.000	10.000	60.000	4.000
16	Treibstoffe	24.000	20.000	4.000	0
17	Schmierstoffe	25.000	0	25.000	0
18	Chemikalien	2.000	0	2.000	0
19	Laborbedarf	70.000	0	70.000	0
20	Kalk	0	0	0	0
21	Flockungsmittel (Polymer)	280.000	0	280.000	0
22	Abluftreinigung	10.000	0	10.000	0
23	Phosphat - Fällmittel	180.000	0	180.000	0
24	Sonstige Hilfs- und Betriebsstoffe	20.000	0	20.000	0
25	Material - Direktverbrauch	550.000	20.000	500.000	30.000
26	Anschaffung Dienst- und Schutzkleidung	19.000	6.000	13.000	0
27	Fremdleistungen (Wartung, Instandhaltung)	2.920.000	2.050.000	800.000	70.000
28	Leistungen Bauhof	15.000	5.000	10.000	0
29	Fremdanalysen, Laboruntersuchungen	20.000	0	20.000	0
30	Entsorgung Rechengut, Sandfang	100.000	0	100.000	0
31	Granulatentsorgung	250.000	0	250.000	0
32	Klärschlammentsorgung	0	0	0	0
33	Reinigung Dienst- u. Schutzkleidung	8.000	0	8.000	0
34	Personalkosten	3.115.000	623.000	2.180.500	311.500
35	Funk- und Fernmeldegebühren	35.000	3.500	19.250	12.250
36	Kopierkosten	8.000	0	8.000	0
37	EDV-Kosten	100.000	0	100.000	0
37	Abwasserabgabe	1.000.000	0	1.000.000	0
38	Mitglieds- und Verbandsbeiträge	3.400	0	3.400	0
39	Gebäude- und Feuerversicherungen	38.000	0	38.000	0
40	Kfz-Versicherung	8.500	6.000	2.500	0
41	Sonstige Versicherungen	90.000	0	90.000	0
42	Bürobedarf	15.000	0	15.000	0
43	Fachbücher und Zeitschriften	4.000	0	4.000	0
44	Portokosten	1.700	0	1.700	0
45	Anzeigen, Inserate, öff. Bekanntmachungen	1.000	0	1.000	0
46	Bewirtungs- und Repräsentationskosten	14.000	0	14.000	0
47	Reisekosten	10.000	0	10.000	0
48	Fachgutachten	10.000	0	10.000	0
49	Prüfungs- und Beratungskosten	60.000	30.000	30.000	0
50	Verw.kostenbeitr. f. Einzug Entwäss.gebühr	159.000	40.000	119.000	0
51	Betr.kostenerstattung (ZWV Krettenbachtal)	1.000	300	700	0
52	Aus- und Fortbildung	10.000	0	10.000	0
53	Sonstige Aufwendungen	20.000	0	20.000	0
54	Sonstige Steuern (Kfz-Steuer u.a.)	1.800	300	1.500	0
55	Zwischensumme	10.367.400	2.814.100	7.100.550	452.750
56	Verw.kostenbeitrag an Stadt f. Zentralverw.	592.000	160.691	405.456	25.853
57	Zwischensumme	10.959.400	2.974.791	7.506.006	478.603

58	Ordentl. Abschreibungen u. Wertberichtigung	7.773.000	1.801.500	4.720.300	1.251.200
59	Zinsaufwand	6.088.000	2.617.840	2.496.080	974.080
60	Gesamtkosten	24.820.400	7.394.131	14.722.386	2.703.883
61	Gesamterträge	9.519.200	2.585.300	6.153.100	780.800
62	Ungedeckter Aufwand	15.301.200	4.808.831	8.569.286	1.923.083
63	Übertrag	0	0	1.923.083	-1.923.083
64	Ungedeckter Aufwand	15.301.200	4.808.831	10.492.369	0
65	Verlustausgleich 1996		-35.305	-9.947	-25.359
66	Überschußausgleich 1997		357.909	84.647	273.262
67	Überschußausgleich 1998		427.030	108.830	318.200
68	Überschußausgleich 1999		265.981	66.495	199.486
69	Überschußausgleich 2000		236.386	56.801	179.585
70	Gebührenfähiger Aufwand		14.049.200	4.502.004	9.547.196

```
Klärgebühr        9.547.196 :3.410.000= 2,7998 DM
Kanalgebühr       4.502.004 :3.410.000= 1,3202 DM
Gesamtgebühr     14.049.200 :3.410.000= 4,1200 DM
```

Anhang 7: Betriebsergebnisrechnung Eigenbetrieb „Abwasser"

Betriebsabrechnung der Stadtentwässerung für das Jahr 1999

Seite 3

	Bezeichnung	Gesamt	Verwaltung	allgemeine Kosten	Kläranlage Zentrale	Kläranlage Teilort M...	Kläranlage Teilort L...	RÜB	Kanäle, Sammler	betr.fremder Aufwand	Abweichungen vom Plan 1999
1	2	3	4	5	6	7	8	9	10	11	12
1	Strom	1.062.707,82			1.022.407,81	11.783,58		28.291,39	225,04		-87.292,18 DM
2	Wasserbezug	52.301,50			35.986,02	268,82		3.512,66	12.534,00		-47.698,50 DM
3	Heizöl	25.724,47			25.724,47						-34.275,53 DM
4	Treibstoffe	23.696,41			4.724,61				18.971,80		3.696,41 DM
5	Schmierstoffe	9.713,59			9.713,59						-286,41 DM
6	Chemikalien	217,22			217,22						-9.782,78 DM
7	Laborbedarf	86.341,36			86.341,36						31.341,36 DM
8	Kalkchlorid	417,03			417,03						-49.582,97 DM
9	Eisenchlorid	0,00			0,00						-60.000,00 DM
10	Flockungsmittel (Polymer)	233.624,52			233.624,52						-116.375,48 DM
11	Abluftreinigung	8.207,72			8.207,72						-21.792,28 DM
12	Phosphat - Fällmittel	134.198,59			134.198,59						-95.801,41 DM
13	Sonstige Hilfs- und Betriebsstoffe	23.155,28			23.155,28						-11.844,72 DM
14	Material- Direktverbrauch	590.170,15		165,13	521.348,60	1.600,61		12.364,80	54.691,01		-509.829,85 DM
15	Anschaffung Dienst- und Schutzkleidung	17.345,20			11.375,75				5.969,45		-654,80 DM
16	Fremdleistungen (Wartung, Instandhalt.)	1.727.226,59	240,47		754.169,28	14.178,34	8.382,10	22.964,46	927.291,94		477.226,59 DM
17	Leistungen Bauhof	18.883,04			11.073,28			1.987,45	5.822,31		-6.116,96 DM
18	Fremdanalysen, Laboruntersuchungen	36.408,66			35.082,54	562,72	763,40				16.408,66 DM
19	Entsorgung Rechengut, Sandfang	154.124,26			154.124,26						-25.875,74 DM
20	Granulatentsorgung	274.323,52			273.523,52	600,00	200,00				-495.676,48 DM
21	Landwirtschaftl. Klärschlammverwertung	0,00									0,00 DM
22	Klärschlammentsorgung	3.967,20						3.967,20			-146.032,80 DM
23	Reinigung Dienst- und Schutzkleidung	8.354,75			6.199,22				2.155,53		-1.645,25 DM
24	Dienstbezüge für Beamte	122.463,09	122.463,09								-1.536,91 DM
25	Vergütung für Angestellte	584.924,08	100.718,84		365.119,37	20.090,69	6.119,32	48.286,12	44.589,74		-75.075,92 DM
26	Löhne für Arbeiter	1.556.660,27			1.017.090,00	54.100,53	9.274,38	68.012,10	397.252,48	10.930,78	55.660,27 DM
27	Ruhegehälter	0,00									0,00 DM
28	Arbeitgeberanteile Sozialvers. Angestellte	111.783,25	21.909,56		66.420,63	3.933,06	1.173,92	9.096,27	9.249,81		-13.216,75 DM
29	Arbeitgeberanteile Sozialvers. Arbeiter	323.034,54			211.077,14	11.227,51	1.924,72	14.114,58	82.441,99	2.248,60	8.034,54 DM
30	Beamtenversorgung	77.423,70	77.423,70								45.423,70 DM
31	Arbeitgeberanteile ZVK für Angestellte	23.799,41	4.412,69		14.111,16	886,71	269,40	2.120,43	1.999,02		-55.200,59 DM
32	Arbeitgeberanteile ZVK für Arbeiter	65.248,16			42.621,21	2.267,09	388,64	2.850,05	16.646,89	474,28	3.248,16 DM
33	Beihilfen, Unterstützungen und dgl.	13.697,08	9.639,00		3.065,53	65,18	13,25	93,51	812,92	7,69	2.197,08 DM
34	Leasinggebühren	0,00									0,00 DM
35	Funk- und Fernmeldekosten	32.741,55	7.976,64		13.088,11	339,58		9.019,15	2.318,07		-9.258,45 DM
36	Kopierkosten	6.237,25	6.057,25		180,00						3.237,25 DM
37	EDV-Kosten	33.929,05	22.306,93		6.335,77			820,12	4.466,23		8.929,05 DM
38	Abwasserabgabe	0,00									0,00 DM
39	Mitglieds- und Verbandsbeiträge	3.391,00			3.091,00				300,00		-9,00 DM
40	Gebäude- und Feuerversicherungen	4.835,70			4.603,60	232,10					-7.164,30 DM
41	Kfz-Versicherung	7.273,80			1.741,20				5.532,40		2.273,80 DM
42	Sonstige Versicherungen	77.239,21		18.262,91	58.103,70			872,60			40.239,21 DM
43	Bürobedarf	11.663,84	10.920,40	54,00	646,15				43,29		-3.336,16 DM
44	Fachbücher und Zeitschriften	3.451,29	1.024,91	438,00	1.947,70				40,68		-1.548,71 DM
45	Portokosten	1.743,36	1.024,86		718,50						243,36 DM
46	Anzeigen, Inserate, öff. Bekanntmach.	2.291,80			2.291,80						1.291,80 DM
47	Bewirtungs- und Repräsentationskosten	9.434,45			9.434,45						6.434,45 DM
48	Reisekosten	13.911,02	627,95	10.140,54	3.017,73				124,80		3.911,02 DM
49	Fachgutachten	30.027,70		244,70	29.783,00						20.027,70 DM
50	Prüfungs- und Beratungskosten	9.235,18		767,95	8.467,23						-5.764,82 DM
51	Gerichts-, Prozeß-, Notariatskosten	0,00									0,00 DM
52	Verwaltungskostenbeitrag an Stadt	679.245,39	10.870,00	668.375,39							68.895,39 DM
53	Verw.kostenbeitrag f. Einzug Entwäss.geb.	158.644,03		158.644,03							3.644,03 DM
54	Betriebsk.erstattung (ZWV K...bachtal)	0,00									-1.000,00 DM
55	Aus- und Fortbildung	7.516,10	950,00		6.176,10				390,00		2.516,10 DM

#	Position											
56	Sonstige Aufwendungen	17.396,36	113,60	7.106,67	845,43	45,34		646,83	534,72	8.103,77	-42.603,64 DM
57	Sonstige Steuern (Kfz-Steuer u.a.)	1.842,20			1.443,20				399,00		-157,80 DM
58	Zwischensumme	8.482.192,54	398.845,02	864.034,19	5.223.034,38	122.181,86	34.463,78	223.065,07	1.594.803,12	21.765,12	-1.131.557,46
59	Ordentl. Abschreibungen u. Wertbericht.	7.585.592,37			4.658.277,94	11.489,63	17.533,76	1.230.977,04	1.667.314,00		-42.407,63 DM
60	Verluste aus Anlageabgängen	32.487,43			9.890,27				22.597,16		32.487,43 DM
61	Zinsen für Kredite	5.818.860,53			2.373.798,96	19.333,37	7.424,91	951.509,28	2.466.794,01		-700.139,47 DM
62	zusätzl. Verzinsung nach KAG	49.774,82			20.305,59	165,38	63,51	8.139,26	21.101,08		
63	Summe	21.968.907,69	398.845,02	864.034,19	12.285.307,14	153.170,24	59.485,96	2.413.690,65	5.772.609,37	21.765,12	-1.841.617,13
64	Umlage "allgemeine Kosten"	0,00			627.002,44	14.667,40	4.137,23	26.777,99	191.449,14		
65	Umlage "Verwaltung"	0,00		864.034,19	289.429,29	6.770,59	1.909,78	12.360,93	88.374,44		
			398.845,02								
66	Gesamtkosten	21.968.907,69	0,00	0,00	13.201.738,87	174.608,23	65.532,96	2.452.829,57	6.052.432,95	21.765,12	-1.841.617,13
67	Anteil Straßenentwässerung	2.666.144,37			472.171,28	6.245,01	2.343,84	497.088,57	1.688.295,67		-184.855,63
68	Auflösung Beiträge	490.789,87			217.900,52	28,91	463,22		272.397,22		2.789,87 DM
69	Auflösung Zuweisungen und Zuschüsse	2.755.049,64			2.324.112,19	22.470,51	16.505,49	215.967,33	175.994,12		-22.950,36 DM
70	Sonstige Umsatzerlöse	429,46		429,46							429,46 DM
71	Fäkalienannahme	4.739,39			4.739,39						3.739,39 DM
72	Starkverschmutzerzuschläge	0,00									0,00 DM
73	Aktivierte Eigenleistungen	0,00									0,00 DM
74	Erstattungen von Anschlußgemeinden	1.510.261,03			1.510.261,03						-167.688,97
75	Erstattung Versicherungsschäden	4.964,63			4.964,63						4.964,63 DM
76	Verrechnung der Abwasserabgabe	0,00									0,00 DM
77	Zinserträge	61.026,87		61.026,87							11.026,87
78	Sonstige Erträge	103.629,17			49.468,63				32.395,42	21.765,12	43.629,17 DM
79	Summe	7.597.034,43	0,00	61.456,33	4.583.617,67	28.744,43	19.312,55	713.055,90	2.169.082,43	21.765,12	-308.915,57
80	Umlage "allgemeine Kosten"	0,00		-61.456,33	44.596,93	1.043,25	294,27	1.904,64	13.617,24		
81	Gesamterlöse	7.597.034,43	0,00	0,00	4.628.214,59	29.787,68	19.606,82	714.960,54	2.182.699,67	21.765,12	-308.915,57
82	Gesamtkosten	21.968.907,69	0,00	0,00	13.201.738,87	174.608,23	65.532,96	2.452.829,57	6.052.432,95	21.765,12	-1.841.617,13
83	Gebührenfähiger Aufwand	14.371.873,26	0,00	0,00	-8.573.524,27	144.820,54	45.926,14	1.737.869,02	3.869.733,28	0,00	1.532.701,56
84	Entwässerungsgebühren - Stadtwerke	942.596,41									-57.413,59 DM
85	Entwässerungsgebühren - G...	11.777.497,21									118.697,21 DM
86	Entwässerungsgebühren - Steueramt	1.567.594,56									-152.405,44 DM
87	Betriebsergebnis	-84.195,08									1.441.579,74 DM
88	Überschußausgleich 1994	699.500,10									
89	Verlustausgleich 1995	-35.031,66									
90	Verlustausgleich 1996	-35.305,46									
91	Überschußausgleich 1997	357.908,67									
92	Überschußausgleich 1998	427.029,96									
93	Ergebnis f. Überschußausgleich n. KAG	1.329.906,53									

Printed by Libri Plureos GmbH
in Hamburg, Germany